CW01668894

Dit boek is een warm pleidooi
voor authentiek ondernemerschap.

Ondernemerschap, dat zorgt voor
bloeiende, creatieve organisaties.

Organisaties die echt zijn,
waar je bij wilt horen.

Gebruik de verhalen en sferen uit dit
boek om je eigen organisatie
leuker te maken en bewuster van
haar plek in de samenleving.

Ga ermee op de loop
en werp het keurslijf van je af...

Leen Zevenbergen

5e en herziene druk juni 2008

© 2008 Leen Zevenbergen, Bosch en Duin
Uitgeverij Business Contact, Amsterdam/Antwerpen

ISBN 978-90-470-0099-0
D/2008/0108/327
NUR 808

www.businesscontact.nl
www.leenzevenbergen.nl
www.ennulaatikmijnbaardstaan.nl

Alle rechten voorbehouden. Niets uit deze uitgave mag, op welke wijze dan ook, worden vermenigvuldigd en/of openbaar gemaakt, zonder voorafgaande schriftelijke toestemming van de copyrighthouders.

EN NU LAAT IK MIJN BAARD STAAN

LEEN ZEVENBERGEN

Creatief ondernemen & sprankelend inspireren

Business Contact

Creatief

Ondernemen

Sprankelen

Inspireren

EN WAT NU?

Tijd voor een baard

Als je jezelf ertoe zet om je persoonlijke visie aan het papier toe te vertrouwen, moet er een knop om. De stropdas moet af, benen op het bureau, fris in de bovenkamer. Voor je het weet groeien er stoppels uit je gladgeschoren imago en voel je je een stuk creatiever.

Laat ik beginnen met een wezenlijke vraag. Zijn mensen wel gelukkig op hun werk? Of zijn mensen wel gelukkig met hun werk? Onderzoek wijst uit dat heel weinig mensen geïnteresseerd zijn in de doelen van de organisatie waarvoor ze werken. Of dat die doelen hen überhaupt iets kunnen schelen. Hoe komt het toch dat mensen vaak opbloeien na werktijd? En dat er dan een enorme hoeveelheid creativiteit tevoorschijn komt, die ten goede komt aan allerlei andere zaken als de schaakclub, de oudercommissie of de duivenmelkersvereniging?

Leven we in een tijdperk waarin het echt wordt gewaardeerd dat we creatief zijn op ons werk? Of wordt creativiteit als lastig en gevaarlijk ervaren... Wordt innovatie gezien als noodzakelijk voor het voortbestaan van de onderneming? Of wordt innovatie beschouwd als een noodzakelijk kwaad...

Onlangs sprak ik met een aantal topmanagers van grote ondernemingen die het woord 'schaamlapproject' in de mond namen. Voor mij een nieuw begrip. Een schaamlapproject is een project dat eigenlijk helemaal niet gewild wordt, maar dat toch in het leven wordt geroepen omdat het management, zeer tegen haar zin, wil laten zien iets aan een bepaald maatschappelijk thema of issue te doen.

Talloze innovatie-, inspraak-, creatie- en inspiratieprojecten bestaan wel, maar als je heel diep in de harten van het management kijkt, zie je dat die projecten niet oorspronkelijk zijn. Ze zijn niet geworteld en doorleefd. Ze komen niet uit een goed hart. En ze worden dus helemaal niet gedragen door de top van de organisatie. Hoe kan een leider inspireren als hij of zij helemaal niet inspirerend is? Door een inspiratieproject in het leven te roepen? Een organisatie (of een markt) voelt feilloos aan of een boodschap die wordt afgegeven een eerlijke is. Of deze boodschap uit het hart komt en dus authentiek is. En als de boodschap dat niet is, wordt die als onbetekenend terzijde geschoven.

We zijn overgeleverd aan de controleurs

We leven in een tijd waarin in toenemende mate controle en regelgeving als noodzakelijk wordt gezien. Regelgeving voortkomend uit Tabaksblat en Sarbanes-Oxley vraagt honderden miljoenen aan investeringen in systemen en organisaties die daarmee bezig zijn. Accountants weten van gekkigheid niet hoe ze het geld uitgegeven moeten krijgen dat ze verdienen met de overdaad aan controle. Een grote Nederlandse bank maakte onlangs met trots bekend dat een op de tien medewerkers zich bezighoudt met interne controle op de overigen. Bravo!

Tienduizenden medewerkers van allerlei grote organisaties doorlopen massaal integriteitscursussen. Met frisse tegenzin overigens. En de benauwdheid bij bestuurders van grote organisaties om te falen en aangeklaagd te worden, neemt met de dag toe. De angst regeert. Dat is de dood in de pot voor innovatie en ondernemerschap.

Het is niet voor niets dat echte ondernemers hun bedrijven in rap tempo van de beurs halen. Kwartaalgerichtheid en angsthazerij, ondersteund door allerlei vormen van wantrouwende wetgeving, tasten het ondernemende en creatieve karakter van organisaties dusdanig aan dat besloten wordt terug te keren naar lange-termijn-gerichtheid en dus het belang van de organisatie.

Wil ik daarmee zeggen dat Tabaksblat met zijn code uiteindelijk het einde inluidt van ondernemend Nederland? Zeker niet, want transparantie is een noodzaak. Maar het doorslaan naar een allesoverheersende controle heeft momenteel een dusdanige grip gekregen op met name grote en beursgenoteerde organisaties, dat de voedingsbodem die nodig is voor ondernemerschap en creativiteit aan het wegvallen is.

Pas op voor de leugenaar

Authentiek leiderschap en transparantie staan uiteindelijk heel dicht bij elkaar. Authentieke leiders zijn transparant. Want als ze dat niet zouden zijn, merken de mensen in de organisatie dat ze te maken hebben met een onecht mens. Een toneelspeler of een leugenaar. Leiders die zichzelf echt belangrijk zijn gaan vinden, omdat ze zwelgen in de macht. En zijn gaan geloven in de echtheid van het toneelstuk waarin ze een rol spelen. Die leiders hebben hun authenticiteit verloren. En zijn dus niet gevoelig meer voor controle. Ziehier in de kern één van de Ahold-problemen. Weg authenticiteit, weg transparantie. Controle valt dan weg en alle ruimte opent zich voor ontoelaatbare handelingen.

De vraag die centraal zou moeten staan bij grote organisaties is of je wilt beheersen of borgen. Werk je vanuit vertrouwen of vanuit geregeld wantrouwen? Overduidelijk is dat de meeste organisaties in hoge mate zijn gaan werken vanuit geregeld wantrouwen. Het systeem is slecht, totdat het tegendeel bewezen is.

De sfeer die door toenemende regelgeving, angst, controle en geregeld wantrouwen in organisaties wordt opgebouwd, is niet een sfeer waarin creativiteit, innovatie, ondernemerschap en inspiratie zullen opbloeien. Integendeel, langzaam maar zeker zakken organisaties weg in die beheerscultuur. Met schijnzekerheden die als zeer prettig worden ervaren. Maar door wie eigenlijk? Niet door de medewerkers van die organisaties. Of door de klanten daarvan. Daar zijn de behoeftes fundamenteel anders.

Waar komt dat wantrouwen vandaan?

Organisaties en de mensen die daarin werken, halen hun energie uit de dingen die hen inspireren. Dat kunnen aansprekende leiders zijn, maar dat kunnen ook de boeiende taken zijn die ze uitvoeren. Of het kan de stimulerende werkplek zijn die ze delen met hun collega's. Dat kunnen de enthousiaste klanten zijn of de positieve berichten over hun ambitieuze organisatie in kranten. Maar zelden zullen mensen geïnspireerd raken door angstmanagers, overdadige controleregels of wantrouwen. Vertrouwen daarentegen inspireert wel. Als een organisatie haar medewerkers fundamenteel wantrouwt en daarop allerlei regelgeving baseert, maar tegelijkertijd vertelt dat men ruimte wil scheppen voor innovatie en creativiteit, wordt dat natuurlijk als een grote grap ervaren. Omdat het niet eerlijk is. Niet authentiek en dus onbetrouwbaar.

Creatief ondernemen en sprankelend inspireren zijn vier woorden die leuk zijn. Leuk klinken, omdat ze een positieve lading hebben. Mensen worden over het algemeen blij als ze deze woorden horen.

En als je het woord 'sprankelen' goed bekijkt en je kijkt vervolgens naar de grote ijver om allerlei controlerende regels te implementeren, zie je een schrijnend verschil. Hoe meer je kijkt naar wat ons op dit moment klaarblijkelijk bezielt, hoe meer je je realiseert dat we sprankeling aan het vermoorden zijn. Organisaties die sprankelen en dus medewerkers en klanten inspireren, zijn tamelijk schaars. Schaars, als je de volle betekenis van de woorden inspireren en sprankelen weegt. Want natuurlijk bestaan er wel leuke organisaties.

Ik heb me weleens afgevraagd waar toch die lijstjes van 'de leukste bedrijven om voor te werken' vandaan komen. Want niet zelden staan daar bedrijven op waar je nog niet dood aangetroffen wilt worden. Worden bij het samenstellen van die lijstjes wel echt de goede dingen gevraagd?

De namaak-apen hebben het oog voor hun organisatie verloren

Zien leiders van grote organisaties dan niet de noodzaak in van creatief ondernemerschap en sprankelend inspireren? Jawel, als het echt authentieke leiders zijn, wel degelijk. Maar de namaak-apen die belangrijk door de wereld stappen en echt geloven dat ze belangrijk zijn, hebben al lang het oog voor hun organisatie verloren. En van die leiders kun je onmogelijk nog verwachten dat ze het fundamentele lange-termijnbelang inzien van creativiteit.

Ik geloof dan ook echt dat er af en toe een vleugje blauwe lucht doorbreekt in de bewolking van regelgeving en controle. Maar het is nog maar een vleugje en dat is dus fragiel. Maar hoopgevend. Ook al is iedereen het er over eens dat creativiteit en inspiratie termen zijn die niet zijn voorbehouden aan managers, maar door de gehele organisatie beleefd worden, toch zullen leiders ten volle hun steun moeten geven aan het creatief en ondernemend maken van hun organisatie. Want anders sterft elk initiatief een stille dood.

Als er 'schaamlapprojecten' worden gestart om ondernemerschap, innovatie en creativiteit te stimuleren, zal het bedrog daarvan rap doordringen tot de organisatie. Want bij de eerste de beste kwartaalrapportage die tegenvalt, zal ingegrepen worden in deze onechte projecten.

Om een organisatie dus creatief ondernemend en sprankelend inspirerend te maken, is de volle, echte steun van de leiders nodig. Zonder die steun zal elke poging falen. Maar met die steun kan een werkelijk ongelooflijke energie in alle lagen van de organisatie worden losgemaakt, waardoor bergen kunnen worden verzet.

Van verdriet naar fun

Ooit moest ik een vijftigtal managers toespreken, toen ik was benoemd tot hun nieuwe algemeen directeur. Nadat de president-commissaris me aan hen had voorgesteld, vroeg hij me een onvoorbereide toespraak te houden. Ik dacht in de resterende seconden even na en besloot maar gewoon te gaan zeggen wat ik voelde. En wat ik voelde was dat die vijftig managers eigenlijk heel verdrietig waren. Ze waren somber, lachten niet en hadden de strijd een beetje opgegeven. Althans, zo voelde dat.

Door dat uit te spreken, voelde je een zucht van verlichting door de groep gaan. Vervolgens sprak ik nog een half uur over zaken die vooral te maken hadden met plezier, en 'fun' in het werk. Applaus en een aanzienlijk blijere groep. Ik ging zitten naast mijn president-commissaris, die me complimenteerde met de leuke toespraak maar daar tegelijk aan toevoegde: "Maar niet teveel over fun praten hoor, want dat kost alleen maar geld".

Dat kost alleen maar geld! Ik heb werkelijk nog nooit anders ervaren dan dat blije, gemotiveerde, creatieve en geïnspireerde medewerkers alleen maar geld opleveren. Wordt fun dan geassocieerd met feesten en brassen en veel geld uitgeven om niets? Zou het zo plat zijn? Want inspiratie van medewerkers en klanten leidt tot energie, waarmee vervolgens van alles gedaan kan worden.

Creatief ondernemen en sprankelend inspireren kan organisaties weer een menselijk gezicht geven en moet een tegenhanger zijn van het geregelde wantrouwen. Om daar weer een vorm van balans in aan te brengen. Want veel organisaties dreigen door de overmaat aan regelgeving in onbalans te raken. Of zijn dat stadium helaas al lang gepasseerd.

De schoorvoetende terugkeer van de ondernemer

Beetje bij beetje en nog schoorvoetend zie je een behoefte ontstaan aan de terugkeer van begrippen als creativiteit, ondernemerschap, sprankelen en inspireren. Leiders in een aantal grote organisaties merken dat de grenzen zijn bereikt aan wat bezuinigen en controleren kan opleveren. En zijn op zoek naar groei, nieuwe markten, dus creativiteit. Maar het opwekken van energie die voorheen niet werd toegelaten (of slechts sporadisch werd toegelaten) is nog zo makkelijk niet. En het oproepen tot creativiteit en innovatie, nadat eerst hardhandig in allerlei kosten is gesneden, wordt niet een-twee-drie begrepen of vertrouwd.

Iemand vertelde me ooit dat er twee wegen zijn om de winst bij organisaties te verhogen. De ene manier is door de kosten te verlagen en de andere manier is door de omzet te verhogen (en daarbij de kosten uiteraard te beheersen). De eerste manier wordt gehanteerd door managers en de tweede door ondernemers. Maar opvallend is dat de ondernemer de oplossing in de markt zoekt en de managers vaak eerst intern kijken.

Daarbij raken we aan een cruciaal punt. Om een organisatie creatief ondernemend en sprankelend inspirerend te maken, moeten we ons realiseren dat dat alleen maar kan door samen te werken met de buitenwereld. Met de markt dus, met de klanten. Zie op internet het immer uitdijende cursusaanbod in Nederland. Allemaal manieren om vanuit de organisatie te werken aan verbetering naar de markt toe. Maar zelden of nooit een manier om vanuit de buitenwereld naar binnen te kijken en te verbeteren.

Creatief en ondernemend worden, dat kan alleen vanuit de markt, vanuit de klant. In samenwerking met die klant. En dat is moeilijk en vaak erg eng. En klanten inspireren of geïnspireerd laten worden, kan alleen door contact met die klant te hebben. En ook dat is moeilijk en vaak erg griezelig. Maar zeer 'rewarding'.

"En nu laat ik mijn baard staan" wil een bijdrage leveren aan het creatief ondernemend en sprankelend inspirerend maken van organisaties. Alhoewel ik me realiseer dat het woord DOEN een belangrijke rol speelt bij het creatiever en ondernemender maken van organisaties (en een boek dus nauwelijks toegevoegde waarde heeft), denk ik dat het delen van ervaringen en vertellen van verhalen over hoe het wel kan, noodzakelijk is om dat DOEN te stimuleren.

Denken dat DOEN alleen de oplossing is, is een misvatting. Want om te kunnen komen tot doen, moeten er eerst nog wat fundamentele belemmeringen worden geslecht. Er moet dus een daad worden gesteld. Iemand moet opstaan om de control freaks de macht te ontnemen. Wanneer nemen de echte ondernemers weer het heft in handen? Ruim baan voor de oorspronkelijke denkers.

Tijdens het schrijven van dit boek werd ik getroffen door een lancering van de invloedrijke Amerikaanse trendspotter Marian Salzman; zij haalde de publiciteit met haar volgende definitie van dé nieuwe man: de überseksueel. Mannen worden weer mannelijk, stelde ze. En dat is natuurlijk een interessant uitgangspunt als we zoeken naar echte leiders, alhoewel dat zowel mannen als vrouwen zijn. De überseksueel kan volgens Salzman praten over cultuur, is een ideale vader voor de kids, kan een hartig woordje meepraten over voetbal met andere mannen en over gevoelens met vrouwen. De gezellige bierdrinkers van Bavaria pikten dit gedachtegoed inmiddels op door horden oermannen door het bos te laten rennen. En als er dan toch met de vuist op tafel geslagen moet worden, dacht ik ook: kom, vanaf vandaag laat ik m'n baard staan...

Creatief

12

Gestaalde kaders

Eén van onze klanten is een toeleverancier van onderdelen aan de automobielindustrie. De resultaten van het bedrijf zagen er goed uit. Geen vuiltje aan de lucht. Toch gaf de bestuursvoorzitter ons een schokkende boodschap mee: "Als we doorgaan op de huidige weg van voortdurend verbeteren dan bestaan we over enkele jaren niet meer". Je kon je het drama indenken: enkele duizenden medewerkers op vestigingen her en der in de wereld zouden hun baan verliezen. En tal van unieke, fijngeslepen technieken zouden verloren gaan.

Wat was er aan de hand? Allereerst was er de recessie in de auto-industrie zelf, waardoor de autofabrikant steeds meer druk uitoefende om goedkoper en efficiënter te produceren. Bovendien werden grote delen van de productie van onderdelen verplaatst naar Oost-Europa en Azië, plaatsen waar deze toeleverancier geen fabrieken had. In deze opkomende markten dienden zich sterke concurrenten aan die hoge kwaliteit tegen aantrekkelijke prijzen boden. Tenslotte hadden de automobielfabrikanten ook nog grote delen van het productieproces naar zich toe getrokken (insourcing): zij fabriceerden de onderdelen grotendeels zelf en kochten alleen onderdelen in die niet in de eigen productieplanning pasten of bijzondere technieken vereisten die niet voorhanden waren. De toeleverancier zat daardoor in een commodity trap, zonder veel mogelijkheden zich te onderscheiden, en ging gebukt onder voortdurende prijsdruk.

Deze situatie was niet zomaar ontstaan. In de achterliggende tien jaar had het bestuur voortdurend gestuurd op productieverbeteringen, specialisatie en kostenbeheersing. In feite ontstond een fabriek die technisch hoogwaardige producten leverde, maar met lede ogen aan moest zien hoe Aziatische concurrenten hun achterstand aan het inhalen waren. Bovendien had het bedrijf zich helemaal toegelegd op één markt: die van de auto-industrie. In het recente verleden waren bestaande markten en klanten uit andere sectoren, waaronder de bouw, juist afgestoten ten dienste van grote efficiency en focus. Door de gestaalde kaders van een starre en verkokerde strategie had het bedrijf zelf het hoofd in de strop gehangen.

Waar zit de doorbraak?

De genoemde bestuursvoorzitter doorzag het probleem maar al te goed. Hij wist dat diversificeren, innoveren en productontwikkeling nodig waren om het bedrijf minder afhankelijk te maken van één sector. Maar hoe doe je dat? Het bedrijf had eigen initiatief, creativiteit en radicale verandering juist stelselmatig ontmoedigd. Hoe bracht je dat weer terug? En liefst in korte tijd?

Samen met hem hebben wij toen een aanpak bedacht die in korte tijd resultaat moest opleveren. Wij gingen daarbij uit van de kracht van de mensen in de onderneming. Creativiteit en vermogen tot vernieuwing waren weliswaar ontmoedigd, maar daarmee niet verdwenen. We moesten manieren vinden om die capaciteiten weer wakker te maken en medewerkers aan te moedigen ze te gebruiken voor niets minder dan het voortbestaan van het eigen bedrijf.

Leren vooruitdenken

Om dat te bereiken, gebruik ik geregeld de methode van de Nightmare Competitor. En zo ook in dit geval. We organiseerden een Summit van het totale management van de onderneming (holding en dochterbedrijven) met als doel ons te verplaatsen in twee werelden:

1. Een wereld waarin een geweldige opportunity bestaat die het voortbestaan voorlopig kan garanderen. Bijvoorbeeld: een grote autofabrikant faseert noodgedwongen een populair automodel uit en zoekt één leverancier voor de levering van alle reserve-onderdelen over de komende vijftien jaar.
2. Het tweede scenario geeft de situatie weer waarin een kleine groep technici al meermalen een innovatieplan afgewezen heeft gezien door de directie. Uit frustratie en wanhoop starten zij een bedrijf voor zichzelf, of verkopen de technologie aan de concurrent.

Tijdens de Summit werd de managers een hoop gegevens verschaft over de toestand van de markt, de economie, de auto-industrie etc., zodat zij zich goed konden inleven. Zo hadden we twee extra edities van het huisblad van het bedrijf gemaakt, gedateerd op het jaar 2011, waarin met interviews en achtergrondartikelen de scenario's helemaal tot leven kwamen. De managers werd gevraagd om in groepen met concrete invullingen voor beide scenario's te komen: hoe zou het bedrijf een gouden kans als een 15-jarig spare part contract grijpen? En wat voor innovatieplannen zou die kleine groep gefrustreerde managers gehad kunnen hebben; welke ideeën heb jij zien sneuvelen?

Aanvankelijk was het onwennig. Logisch, als je creativiteit al zolang niet is aangesproken of gewaardeerd geweest. Maar na verloop van tijd kwam de energie los. Vaak kwamen de nieuwe ideeën van mensen die je anders nooit hoorde. Sommige managers vroegen eerst toestemming aan hun meerdere voordat ze open hun gedachte op tafel durfden te brengen. Een ander vroeg zich af of hij nu werkelijk moest meewerken aan een doemscenario voor zijn eigen werkgever (hij zag niet in dat de uitkomst juist de toekomst van zijn werkgever kon bepalen). Maar met het uur nam de energie toe. Alsof het daarvoor bevroren had gezeten in een kristal en nu tot ontlading kwam. Een manager riep dat hij zich eindelijk weer master of his own destiny voelde. De directie van een groot bedrijfsonderdeel stelde zichzelf ten doel dat zij volgend jaar twintig procent van de omzet uit nieuwe producten of nieuwe markten wilde genereren.

Er waren ook ontroerende getuigenissen: medewerkers vertelden hoe lang zij zich al zorgen maakten over het bedrijf; anderen vertelden dat strategie-onderwerpen nog nooit zo open besproken waren als nu het geval was. Het bedrijf raakte in een energieflow, waarmee zij haar eigen toekomst kon creëren. Die flow ontstond niet door nuchtere analyses en koele feiten. Fantasie (de scenario's), verbeelding (beeldmateriaal en extra magazine-edities) en persoonlijk contact met elkaar waren onmisbare ingrediënten.

LEUK ZEG, CREATIVITEIT

Iets maken dat er niet is. Is dat creativiteit? Of het talent om iets te maken? Een creatie is een schepping en creativiteit is scheppend vermogen. Wat voor de een moeilijk is, is voor de ander makkelijk. Tijdens mijn studie bewonderende ik een vriend die wiskunde studeerde. Wiskunde was altijd een vak waar ik moeilijkheden mee had; voor hem was het vreselijk makkelijk. Ik was jaloers op zijn wiskundeknobbel, maar hij zei dat het voor hem allemaal een eitje was. Maar talen, tja, daar had hij grote moeite mee. Ik realiseerde me daardoor dat moeilijkheid een relatief begrip is.

Michelangelo zei ooit dat beeldhouwen voor hem niets meer was dan het bevrijden van dat beeld uit het omliggende marmer. Het beeld was er al en hoefde alleen nog maar bevrijd te worden. Schrijvers hebben vaak het verhaal al in hun hoofd. Het moet alleen nog opgeschreven worden. Maar dan nog, betekent dat dat creativiteit dus voor sommigen makkelijk is? Heeft iedereen het in zich en komt het er bij de meesten niet uit?

Not invented earlier

Heel wat jaren terug leidde ik een bedrijf in de Verenigde Staten. Het maakte virtuele beelden voor films en op TV. Tegenwoordig is dat doorsneetechnologie, want er wordt geen speelfilm meer gemaakt of er zitten visuele effecten in die met computers gecreëerd worden. Maar destijds was het erg spectaculair, zelfs visionair. De oprichter van dat bedrijf was wat je noemt een oorspronkelijk denker. En dat, ja, dat is bijzonder. Want ik ben ervan overtuigd dat maar erg weinig mensen dat kunnen. Oorspronkelijk denken is iets bedenken dat nog nooit eerder bedacht is. Dat is ook creativiteit, maar in mijn ogen met een hogere moeilijkheidsgraad. Iets bedenken dat nog niet eerder bedacht is, bestaat dat? Tja, dat zullen we nooit zeker weten, want "men zegt" dat een briljante gedachte ook altijd wel ergens anders op de aardkloot gedacht kan worden. Maar laten we er voor het gemak vanuit gaan dat een oorspronkelijke gedacht niet vaak voorkomt. Je bedenkt iets uit het niets, als het ware. En de meeste vormen van creativiteit zijn gebaseerd op het samenvoegen, licht modificeren en op een andere manier omgaan met bestaande ideeën.

Kan je je er iets bij voorstellen?

Deze oorspronkelijk denker had elke dag de meest bizarre ideeën en gedachten. Het was de kunst om daar die dingen uit te pikken waar je wat mee kon. Maar hoe oorspronkelijker de ideeën waren, hoe moeilijker het was om daar de goede uit te filteren. Waarom? Omdat een echt oorspronkelijke gedachte meestal niet herkend wordt. Het is namelijk te absurd om te begrijpen.

Tijdens de Franse revolutie bedachten de revolutionairen niet dat ze het beste met een mobiele telefoon met elkaar overleg konden hebben voordat ze de barricaden bestormden. Het concept van een telefoon bestond niet en kon zelfs niet bedacht worden. Iets bedenken dat er niet is, waar geen vraag naar is (maar wel behoefte!) en waar niemand zich iets bij kan voorstellen, is belachelijk.

Ik denk dat dit de meest pure en hoge vorm van creativiteit is. Maar niet of nauwelijks gewaardeerd. Virtuele beelden maken die echt lijken op film of op TV (maar die er in het echt niet zijn) had tien jaar geleden geen nut en dus geen markt. Nu is er geen visuele markt meer mogelijk zonder virtuele beelden. Het ontdekken van iets waar geen vraag naar is, maar wel een behoefte, is beremoeilijk.

Neem het eerste tekstverwerkingsprogramma voor de PC. Daarvoor was de PC een soort veredelde rekenmachine. Maar pas nadat het tekstverwerkingsprogramma was bedacht, ontstond er een explosief gebruik van de PC. Men noemt zoiets een 'killer-app'. Achteraf zegt iedereen dat het tekstverwerkingsprogramma niet revolutionair was, want het is een logisch bedenksel. Maar de eerste die het bedacht was een oorspronkelijk denker. Op het moment dat IBM stelde dat er zo'n vijf grote computers nodig waren om aan de wereldbehoefte te voldoen, was er dus geen vraag naar honderden miljoenen PC's waarmee mensen met elkaar konden communiceren. Bill Gates, die toen nog niet eens geboren was, had als droom dat iedereen een PC zou hebben (of iets dat er op lijkt). IBM zat ernaast. Er was een enorme behoefte in de markt om mensen efficiënter met elkaar te laten communiceren. Maar de PC werd niet als het middel gezien om die behoefte te bevredigen. Dat kon op dat moment niet bedacht worden. Kortom, er was hier duidelijk sprake van veel behoefte en geen enkele vraag.

Bedenken wat er nog niet is

Kom daar maar eens om bij grote efficiënt georganiseerde bedrijven. Ga naar je baas en vraag hem of je iets mag doen aan ontwikkeling op een gebied waar geen vraag naar is. Als hij je verbijsterd aankijkt, kun je er wellicht aan toevoegen dat er wel behoefte is, maar geen vraag. Dus geen markt. Je wilt iets gaan bedenken dat er nog helemaal niet is. De markt weet er dus niet van en daarom is er geen vraag. 3M bedacht de post-it. Daar was behoefte aan (dat blijkt), maar geen vraag. Zo kun je duizenden voorbeelden bedenken van zaken die bedacht zijn zonder dat er vraag naar was. Maar wel een latente behoefte, zoals dat zo mooi heet.

Mijn eerste bedrijf, dat zich bezig hield met Kunstmatige Intelligentie, had in de eerste jaren nauwelijks vraag. De markt wist niet wat het was, kon er dus niets mee. Dat vergde een enorme hoeveelheid marketing. Praten, praten en nog eens praten. Wij noemden dat missionary marketing. Iets als eerste, of een van de eersten, aan de markt proberen te verkopen. Totdat je kritische massa bereikt en voldoende voorbeelden verzamelt. Dan ontstaat er vraag. Tenminste, als de behoefte er is. Missionary marketing is dus vele malen moeilijker dan gewone marketing. Maar voor mijn eerste bedrijf was het feit dat er geen markt en dus geen vraag was natuurlijk de meest belemmerende factor om enig kapitaal aan te trekken. Want bankiers kijken natuurlijk meestal naar een bewezen markt, die met harde cijfers aan te tonen is. Maar een ondernemer voelt de behoefte… en creëert de vraag. En een manager ziet de vraag… en vult hem in.

Iets dat iedereen elke dag doet

Iedereen heeft creatieve vermogens. Binnen bedrijven en grote organisaties wordt meestal geen beroep gedaan op die vermogens. En worden ze dus door de meeste mensen niet getoond. We hebben het hier over creativiteit in bredere zin, het combineren van bestaande dingen, het anders gebruiken daarvan, het scheppen van iets nieuws uit iets bestaands. Dus iets dat iedereen elke dag doet. En als kind zo geleerd heeft. Tekenen, zingen, spelen, allerlei dingen die kinderen de hele dag doen. En die ze leuk vinden. Maar dat gedrag is in de loop der jaren in keurige banen geleid en geconditioneerd.

Doen wat je baas zegt. Op tijd op je werk zijn. In dat kantoor zitten. Zo laat naar huis. Dat mag je niet doen, want dat doet een ander al. Niet denken als je er niet om gevraagd wordt. Allemaal kreten die we vaak normaal vinden als we in een grotere organisatie werken. Waarom spreken we als een manager nieuw bij een bedrijf begint vaak over de wittebroodsweken of de eerste 100 dagen? Omdat die mensen dan nog niet ‘besmet’ zijn met de heersende codes en ze in staat zijn om nog echt iets nieuws te bedenken. Daarna wordt iedereen in enige mate besmet met de regels van de gevestigde orde. En wordt het steeds moeilijker om creatief te zijn. Zeker als het niet wordt aangemoedigd. Omdat het chaos creëert, omdat het geld kost, omdat er geen vraag naar is. Bedenk eens wat een beperking we onszelf dus opleggen door die creativiteit zo te beteugelen. Duizenden mogelijkheden om meer omzet (en dus meer winst) te maken, worden onbenut gelaten. Gewoonweg omdat we het te eng vinden om de creativiteit de vrije loop te geven.

Zet de ramen open

De hoofdreden waarom organisaties dat zo doen, is omdat het veel te eng is om echt creatief te worden. Om dat te verhullen, worden allerlei drogredenen bedacht, zoals 'het kost alleen maar geld, en levert toch nooit wat op'. Terwijl diezelfde organisaties zijn ontstaan omdat er een creatief idee bedacht werd. En omgezet in business. Toen Philips de gloeilamp bedacht, was er wel behoefte, maar nauwelijks vraag. Er waren geen fittingen om die lampen in te draaien. Maar de creatieve Philips zag en voelde de behoefte en ging slagvaardig de vraag creëren. Dat was dus ondernemerschap pur sang. Ongetwijfeld waren er destijds andere, veel grotere organisaties, die wellicht veel beter die gloeilampen hadden kunnen maken. Maar die de vraag niet zagen, die dus dachten dat er geen markt was. Die er op dat moment ook nog niet was.

Skype is een logisch gevolg van de wens om goedkoop te kunnen bellen en het bestaan van internet. Vele duizenden mensen zagen dat al in 1996 aankomen. Toen verschenen de eerste primitieve softwarepakketjes op de markt waarmee je, via internet, goedkoop met elkaar kon bellen. Allemaal nog zeer primitief en van slechte kwaliteit. Maar het bestond. Hoe komt het dan dat pas in 2005 Skype een fenomenaal succes wordt en wordt verkocht voor miljarden aan eBay? En dat de voorzitter van de Amerikaanse telecomfederatie toegeeft dat het fenomeen Skype de telecomwereld voorgoed zal veranderen?

Vernietigd door een nieuwkomer

Het is toch verbijsterend dat een fenomeen dat iedereen zag aankomen, al tien jaar geleden, niet herkend werd door de gevestigde orde. Het is curieus dat de gevestigde orde heeft toegestaan dat hun markt door een nieuwkomer vernietigd wordt. Ik geef toe, het is natuurlijk een combinatie van bescherming tegen kannibalisatie en ongewenste prijsdaling. Maar ik ben ervan overtuigd dat ook het ongewenste karakter van creativiteit hierbij een doorslaggevende rol heeft gespeeld. Want niets was makkelijker geweest dan de vrije hand te geven aan een groep ondernemende en creatieve geesten binnen een gevestigd telecombedrijf en hen de kans te geven om die zogenaamde 'nightmare competitor' te creëren.

Creativiteit is het belangrijkste wapen in de overleving van elke organisatie. Ordenen, managen, aansturen, calculeren: dat kunnen we wel. Dat is overzichtelijk, te beredeneren en dus (als het goed is) onder controle. Maar de kunst om te scheppen, en de omgeving waarin scheppend vermogen wordt gewaardeerd, is van vitaal belang voor elke organisatie. Een omgeving waarin men mag scheppen, waarin men creatief mag zijn, is noodzakelijk voor elke grote organisatie. Ik heb het bewust over grote organisaties, omdat kleinere bedrijven en organisaties het vaak nog in zich hebben dat ze van nature creativiteit stimuleren. Omdat die kleinere bedrijven vaak veel dichter bij de markt zitten, voelen medewerkers de vraag beter. En wordt creativiteit veel makkelijker opgewekt.

Gebruik het creatief vermogen

Bij grotere organisaties heerst vaak een perceptie van gewenst gedrag. Al dan niet in de hand gewerkt door het zittende management. Het is van essentieel belang dat het management creatief gedrag stimuleert en zelf vertoont. Anders verdwijnt al heel snel elke stimulans om creatief gedrag te vertonen. Buiten de gebaande paden, buiten regels om, activiteiten ontplooien, moet mogen. Moet niet onmiddellijk de kop worden ingedrukt.

En houdt dat dan risico's in? Jawel, want er kan van alles misgaan. Maar *no worries*, je kunt dat proces van creativiteit wel degelijk heel goed managen. Je kunt de risico's echt onder controle houden. Maar het allerbelangrijkste is dat de meest vitale levensader van elk bedrijf nooit verloren mag gaan: het gebruiken van de enorme aanwezige hoeveelheden creatief vermogen. Want het is er, bij ieder mens. Je hoeft het alleen maar te activeren.

Creativiteit komt in vele soorten, maar iedereen is creatief. Sommigen verzinnen iets dat anderen nog nooit bedacht hebben. Anderen zien mogelijkheden om werkprocessen stapsgewijs te verbeteren. Weer anderen zien de voordelen van het toepassen van nieuwe technologie.

Het is vooral belangrijk om alle creativiteit te waarderen en de juiste soort creativiteit op de juiste plaats te hebben. Zo moet een wilde denker vooral marktgerichte initiatieven ontplooien, maar niet de innovatie van kritische processen sturen. Een goede leider onderkent de creatieve krachten in zijn organisatie en zorgt dat ieder de plek krijgt waar zijn type creativiteit tot zijn recht komt.

Kom je spele

Een van de belangrijkste onderzoeksinstituten ter wereld is Xerox Palo Alto Research Centre (Xerox PARC). Daar wordt al tientallen jaren van alles bedacht. Iedereen kent de Windows-omgeving van Microsoft. De beginselen daarvan zijn ook afkomstig uit de denkwereld van Xerox PARC. Een fantastische omgeving, waar vrij gespeeld mag worden. Er zijn maar weinig van die plekken op de wereld. Ik denk dat het Natlab van Philips ook zo'n plek is geweest. Of misschien nog steeds wel is, al heb ik de indruk dat er tegenwoordig veel meer toegepaste research wordt gedaan. Het karakter van spelen is daardoor meer naar de achtergrond verdwenen.

Wat je over dit soort 'denk'-plekken hoort, is dat er zo enorm veel superontdekkingen worden gedaan, die dan vervolgens maar zo weinig tot exploitatie komen. Want het feit dat Xerox zelf eigenlijk niets gedaan heeft met die Windows-omgeving hoor je ook vaak als klacht.

Ik speel met de gedachte...

Een van de grote stimulatoren van het Xerox PARC is John Seely Brown, ooit hun Chief Scientist. Hij was de hoofddenker van het laboratorium. Ik maakte hem ooit mee in een sessie die we georganiseerd hadden voor de Raad van Bestuur van een groot Nederlands bedrijf. Die sessie vond plaats in The Idea Factory in San Francisco. John Seely Brown was tijdens die sessie in staat om de betreffende Raad van Bestuur met hun gedachten te laten spelen. Hij bracht ideeën ter tafel die zo origineel waren dat niemand daar ooit over had nagedacht. Ik heb hem later nog eens ontmoet en hem altijd gezien als een van de meest sprekende voorbeelden van 'spelen'. John Seely Brown zei ook ooit dat het niet de enige taak van de leider is om geld te verdienen, maar dat het de taak van de leider is om betekenis te geven. 'The job of leadership today is not just to make money. It's to make meaning.'

John Seely Brown en John Kao waren vrienden. En John Kao heeft een belangrijke rol in mijn leven gespeeld. Kao is zoon van Chinese ouders, die beiden hoogleraar waren (in China). Direct na de Tweede Wereldoorlog vluchtten de twee professoren naar de Verenigde Staten. Ze kregen daar een zoontje. En wat moest die worden? Hoogleraar misschien? Maar John wilde eigenlijk liever muzikant worden en bracht het tot toetsenist in verschillende bekende bands, waaronder die van Frank Zappa. Maar uiteindelijk kroop het bloed waar het niet gaan kon en werd John hoogleraar aan Harvard University. Voorwaar niet de eerste de beste universiteit. Hij ging zich daar bezig houden met een terrein waar eigenlijk niemand in geïnteresseerd was: Innovatie Management. Toen de Dean van

Harvard hem ooit vroeg om dat vak te gaan beoefenen, was de reactie van John: "Maar daar is nog helemaal niets over geschreven". Exactly!

Veertien jaar werkte John Kao op Harvard aan de ontwikkeling van Innovatie Management. Schreef daar zijn bestseller 'Jamming'. Maar na veertien jaar was het genoeg geweest, genoeg studenten, genoeg lesgeven. John stopte ermee, pakte zijn boeltje in en vertrok naar San Francisco, de plek waar je in de jaren negentig toch echt moest zijn als het ging over creativiteit en spelen.

John wilde weer spelen! En niet alleen op zijn piano, in een jamsessie met een band. John wilde weer spelen met ideeën en bedrijven. Hij kwam aan in San Francisco en huurde daar een leegstaande fabriek, waar voorheen Chinese vrouwen kleren hadden genaaid. Een sweatshop dus. Het bijzondere was dat hij niet wist wat hij in die fabriek zou gaan doen. Hij nam een stoel en ging in die lege hal zitten denken. Laat het maar gebeuren. Hij plaatste een grote Steinway vleugel midden in de fabriekshal en begon te jammen. Want zo gaat dat bij hem. Langzaam voegden zich allerlei getalenteerde mensen bij hem en werd de fabriekshal tot een plek waar bedrijven konden komen jammen. Het bestaat al sinds mensenheugenis: muzikanten die bij elkaar komen en samen op een thema muziek maken. Alsof ze al jaren samen in een band zitten. Dat is het optimale spelen. In een flow, met elkaar, genieten.

Even van de wereld

John Kao creëerde daar, in San Francisco, wat hij noemde The Idea Factory. Een fabriek waar bedrijven spelenderwijs hun ideeën konden creëren en toetsen. Daar leerde ik hoe belangrijk de speelomgeving is. Spelen gaat niet in een saaie kantoorruimte. Spelen doe je in een zandbak, in een speeltuin. In de Idea Factory speelde John de piano en inspireerde hij mensen. Daar kwam ik in 1999 ook met een groep klanten. We hadden daar een sessie die ik niet snel zal vergeten. Volgens mij was ik even van de wereld. Toen we buiten stonden, zei een van mijn klanten: "Leen, volgens mij ga jij wat anders doen nu." En dat was waar, op dat moment had ik beslist dat ik geen CEO van een groot bedrijf moest zijn. Ik wilde veel meer spelen dan wordt geaccepteerd in de directe omgeving van de CEO. Vanaf dat moment ontstond ook langzaam een vriendschap tussen John en mij, die er uiteindelijk toe leidde dat we samen met hem in Nederland een Idea Factory opbouwden. Een omgeving waar inmiddels honderden bedrijven creatieve sessies hebben gedaan. De plek is erg belangrijk. Niet overal kun je je gedachten laten spelen. Niet overal kun je met elkaars gedachten spelen. De sfeer, de plek, is van wezenlijk belang. En vanaf 2000 begonnen allerlei mensen te spelen in de Idea Factory.

Na een paar jaren spelen, leerden we dat het spelen iets dichter naar de bedrijven toe brengen ook nog wat oplevert. Spelen binnen bedrijven gaat nauwelijks, wordt bijna niet geaccepteerd. Maar spelen aan de grenzen mag wel. Er wordt wel naar gekeken en het stimuleert enorm.

Play hard

Spelen mag niet, we hebben dat afgeleerd. Eind jaren negentig en begin 2000 leek het er even op alsof er veel meer een speelcultuur binnen bedrijven geaccepteerd zou gaan worden. Talloze boeken verschenen over het onderwerp. Maar zo ongeveer met het uiteenspatten van de internetbubbel verdween die acceptatie. Financial control werd het nieuwe adagium, spelen was toch onzin en leverde niets op. En toch zie je dat erg veel bedrijven in hun jaarverslagen en op hun websites claimen dat ze 'belangrijke normen en waarden hebben en recht doen aan de menselijke ontwikkeling'. Vaak gewoon marketingtaal waar niets mee wordt gedaan. Terwijl de medewerkers van die bedrijven dat wel erg graag zouden willen.

Want als kinderen spelen, delen ze. Improviseren ze, concurreren ze, mediteren ze, spannen ze samen. Voeren ze allerlei gedragingen uit die wij als volwassen ook zo goed kennen ('The Play Ethic' van Pat Kane). Gedragingen die wij ook toe zouden moeten laten in onze bedrijfsomgevingen.

Neem het Instituut voor Idiote Ideeën, 31. Opgericht door Michel Winkler. Een fantastische gedachte, die iedereen leuk vindt. Mensen moeten glimlachen bij de naam, die bovendien stimuleert om te komen tot de meest idiote ideeën. Want wat is per saldo idioot? Is dat briljant, is dat iets dat nooit eerder bedacht is? En daardoor juist zo waardevol. Spelen met ideeën is wat John Kao doet. Spelen met ideeën is wat Michel Winkler doet. Spelen met ideeën is wat we allemaal veel meer zouden moeten doen. Maar hoeveel organisaties hebben echt welgemeend plek gemaakt om te spelen?

Bij Google is spelen verplicht. Alle werknemers krijgen de mogelijkheid om twintig procent van de baas-z'n-tijd te besteden aan leuke dingen. Dat levert van buitenaf bekeken een speelse bedrijfscultuur op. Mensen hebben het gevoel dat ze mogen doen waar ze zin in hebben. Maar het blijkt dat Google juist uit die 20% z'n innovatiekracht haalt. Bijna alle marktintroducties vanuit Google, van Gmail tot Google Earth, blijken te zijn geworteld in speelprojecten van individuele medewerkers.

Het moest wel leuk blijven

Zoals aangehaald, praten eigenlijk alle bedrijven in hun mission statements over hoe ze met hun medewerkers moeten of willen omgaan. Maar toch komt daar vaak maar bedroevend weinig van terecht. Of de leuke werksfeer is het eerste dat moet wijken als het economisch tij even tegenzit. Ik kan me het bedrijf BSO nog goed herinneren. In de jaren tachtig en negentig was dat de plek om te zijn als je in een creatieve omgeving wilde werken. Eckart Wintzen was natuurlijk de morele leider van de groep. Als oprichter wilde hij wel winst maken, maar niet ten koste van alles. Het moest wel leuk blijven. Daar tegenover stond destijds het bedrijf Volmac. Daar stond winst maken echt centraal. Ik herinner me nog dat er ooit 40% marge werd gemaakt bij Volmac. Er werd zoveel marge gedraaid dat de klanten er ontevreden van werden. Want die betaalden dat. De medewerkers merkten er op hun werk weinig van, wel in hun portemonnee. Toen Volmac naar de beurs ging, maakten veel medewerkers fenomenale winsten. Maar de sfeer in het bedrijf was toch anders, er werd niet gespeeld. Bij BSO wel. In de ogen van sommigen was het zelfs een complete speeltuin. Ik vond dat een eer en wilde er toen graag werken. Dat gebeurde overigens pas later, toen de creatieve speelcultuur van BSO bijna totaal ten onder was gegaan aan de invloeden van een nieuwe aandeelhouder. Het was mijn taak om die cultuur weer terug te brengen, wat maar gedeeltelijk gelukt is. Omdat BSO in de markt bekend stond als een bedrijf dat creativiteit stimuleerde in haar medewerkers, hoefde het bedrijf voor werving en selectie van talent substantieel minder te investeren dan haar concurrenten. De cultuur van spelen en creëren werd en wordt zo massaal omarmd, dat het talent aantrekt.

Doe eens gek

Uit alle toekomststudies blijkt dat de oorlog om talent in de komende jaren enorm zal gaan woeden. Er worden grote tekorten aan medewerkers verwacht. Daar waar we momenteel mensen het land uit pushen, zullen we over enkele jaren met luxe touringcars dezelfde mensen weer terughalen naar Nederland. Omdat we ze nodig hebben.

Bedrijfsomgevingen waar spelen mag, appelleren aan normale menselijke behoeftes. Niets is daar vreemd aan. Daarom juist is het zo vreemd dat er bij de meeste organisaties niet echt iets mee gedaan wordt. Want wel zeggen, maar niet doen, wordt onmiddellijk door medewerkers herkend als niet-authentiek. En keert zich dan tegen de organisatie. Wordt wat losser, laat je iets meer gaan, doe eens gek, gedraag je af en toe eens als een kind. Zullen we gaan spelen?

Zullen we eens een keer niets doen

Niets doen, gewoon helemaal niets doen. Een afgrijselijke gedachte voor hele volksstammen godvrezende managers. Managers die denken dat er toch echt heel hard gewerkt moet worden. Dat je toch 's ochtends wel al om acht uur op kantoor moet zitten, ook al sta je daarvoor uren en uren in de file. Dan ga je maar eerder weg. "Ja, ik werk echt wel tachtig uur per week". Wat een sneue kuddedieren…

Trainees bij een grote oliemaatschappij schijnen tegen het einde van de middag hun overhemd achter uit hun broek te laten hangen, rollen hun mouwen op en blijven vooral langer achter hun bureau zitten dan hun baas. Veel over de gang lopen met die naar hard werk uitziende outfits. Om maar vooral de indruk te geven aan hun managers dat ze heel erg hard aan het werk zijn. Blijkbaar wordt daarop gestuurd, anders zouden normale mensen toch niet dergelijk idioot gedrag vertonen. Maar de drang om hard te werken komt toch ergens vandaan.

Onlangs deed ik mee aan een leuk, klein golftoernooi in Schotland. Uniek, met aangename mensen op een bijzondere locatie. En toch belde de dag voor aanvang een CEO op met de melding dat hij het te druk had. Nou kan er natuurlijk altijd iets tussen komen, maar in dit geval had ik sterk de indruk dat die betreffende CEO echt dacht dat hij onmisbaar was. Die gedachte leeft bij veel mensen. Terwijl het bedrijf heus wel gewoon doorfunctioneert als ze plotseling wegvallen. Rationeel gezien weten ze dat ook wel. Een andere angst is dat een ander je functie overneemt als je niet heel hard werkt.

Al die angsten. Allemaal beelden die mensen zelf in hun hoofd creëren. Want het is natuurlijk allemaal niet echt. Laat dan die ander maar je baan overnemen. Laat het bedrijf je dan maar missen. Want niks doen, niet als een wilde achter je baan aanrennen, is enorm productief. En dat, dat is nou net een moeilijk over te brengen gedachte.

Leeghoofd

Wanneer ben je creatief? Wanneer ben je in staat om moeilijke problemen op te lossen? Wanneer ben je dus eigenlijk het meest creatief? Wel, als je hoofd leeg is. Als je niet onder tijdsdruk staat. Vraag maar eens aan een creatief iemand om heel snel creatief te zijn. Liefst nu. Vraag eens een reclameman om direct, on the spot, een goed idee te bedenken. Meestal lukt dat niet. Goede ideeën komen op, ontstaan spontaan in je hoofd. Oplossingen voor moeilijke problemen komen in je op, onder de douche, tijdens het scheren, als je de hond uitlaat. En dat weten we allemaal, maar toch geven we onszelf niet de ruimte om die ideeën te laten ontspruiten. Want we moeten werken. Maar weinig mensen denken na over wat ze nu eigenlijk met hun tijd allemaal doen. En laten daarmee de kostbare tijd als fijn zand tussen hun vingers doorglippen. *Time flies like an arrow*. Het is er en het is weer weg. Gewoon helemaal niets doen, is een gruwelijke gedachte voor velen. Want er moet nog zoveel gebeuren...

Er moet helemaal niets! En zeker niet als dat de tijd wegneemt die je eigenlijk nodig hebt om bezig te zijn met de dingen waar het echt over gaat in het leven. Kinderen, partner, ouders, jezelf, je vrienden, de wereld, je medewerkers en zo kan ik nog wel even doorgaan. Allemaal dingen die gewoonweg belangrijker zijn dan je werk. Maar daarin vluchten, of denken dat dat het allerbelangrijkste is, is vaak veel makkelijker.

Wat houdt ons bezig?

Gemiddeld eenmaal per maand ga ik met een groep managers naar Frankrijk. We gaan daar op ons gemak heen, niet al te vroeg opstaan en rustig aan reizen. Aangekomen op de plek, een middeleeuwse boerderij, gaan we eerst maar eens lunchen, met een lekker wijntje erbij. Daarna even bijkomen van de lunch en vervolgens, maar dan is het zeker al vier uur 's middags, met elkaar in gesprek, gezeten voor een mensgrote middeleeuwse open haard. Zo'n haard waar je boomstammen in moet gooien die dan vlammen oplevert die wel meters hoog zijn. Waar praten we dan over? Over onszelf en over elkaar. Over de dingen die ons echt bezighouden. Over de dingen die ons oprecht inspireren, die ons ontroeren, die ons boeien. Waar je met tranen in je ogen naar kan luisteren. Verhalen aan elkaar vertellen die echt zijn, die diep uit het hart komen.

Luisteren, vooral veel luisteren. Naar elkaar, maar soms ook naar jezelf. Op ons gemak, starend in het vuur. Nadenkend over wat er gezegd wordt. Je komt zo in een flow, je gaat vanzelf open en je deelt in vertrouwen met de anderen je diepste zieleroerselen. Wanneer doen we dat nog? Nou, bijna nooit, kan ik je zeggen. Want daar hebben we geen tijd voor.

Een van die sessies in Frankrijk zou worden bijgewoond door de voorzitter van een bank. Maar ook hij kon niet nalaten om een week voor vertrek af te zeggen. Te druk ja, de plicht riep. En een paar dagen niksdoen had uiteraard de laagste prioriteit in de agenda. Leer mij hoe al die agenda's werken. Secretaresses zijn nu eenmaal geïnstrueerd om vol te plannen. 'Nee, meneer X heeft echt pas over vier maanden weer een gaatje'. Meneer X heeft inderdaad een gaatje! In zijn hoofd, ja. Ben je nou helemaal belazerd. Als het belangrijk is, heb ik onmiddellijk een gaatje. Als je kind een ongeluk krijgt, heb je toch ook onmiddellijk een gaatje? Dan wordt de agenda ineens onbelangrijk. Ja, ik kan hier behoorlijk emotioneel over zijn. Niet dat ik het zelf ook niet tientallen jaren zo gedaan heb, maar tegenwoordig bemoei ik me toch heel erg intensief met mijn agenda. Want mijn tijd is kostbaar en ik wil die liefst niet verspillen aan onbelangrijke vergaderingen, met mensen waar ik eigenlijk helemaal geen zin in heb en vooral zorgen dat ik veel lege plekken heb.

Even terug naar die bankdirecteur, die geen tijd had om naar Frankrijk te komen. Allereerst heb ik hem zelf gebeld om te zeggen dat afzeggen niet mocht. Dat maakte wel al enige indruk, maar was nog onvoldoende. Toen ben ik gaan zitten en heb ik hem een persoonlijke brief geschreven. Een cris de coeur, zoals dat heet. Ik heb hem gevraagd of hij echt dacht belangrijk en onmisbaar te zijn voor zijn bank. En of hij weleens ooit echt de tijd nam om stil te zitten, niets te doen, en dan wel dagenlang, en na te denken over waar het voor hem nu eigenlijk over gaat. Hij ging mee, zijn agenda was weer vrij. Het was dus belangrijk, maar moeilijk. Ik vergeet nooit wat hij tegen me zei toen we op de terugweg op het vliegveld van Toulouse op het vliegtuig zaten te wachten. "Leen, het was onvergetelijk, ik ben gegroeid... maar het was te kort. Veel te kort."

Beter af

Natuurlijk was het te kort. We zijn altijd veel te kort bezig met de dingen waar het echt over gaat. We brengen even de kinderen naar school, we zeggen ze even welterusten. We zwaaien even naar onze vrouw, we gaan nooit naar ouderavonden, geen tijd voor vrienden. Het is eigenlijk altijd te kort, want er zijn belangrijker zaken te doen. Een andere gast in Frankrijk belde af, omdat er een plotselinge directievergadering was ingelast. Toen ik hem natuurlijk zei dat afzeggen verboden was en dat het bedrijf eigenlijk beter af was zonder hem (grapje!) was het stil aan de andere kant van de lijn. Beter af zonder mij, hoorde ik hem denken. Ja, en jij bent beter af zonder die vergadering, wilde ik er het liefst nog aan toevoegen. En toen nog eens: "Je mag niet afzeggen, want dan is de balans in de groep weg en dan heb ik een probleem." Tja, dat was dan toch wel vervelend.

Ik ga mee, was zijn reactie. Waarom moet ik toch altijd praten als Brugman om mensen te laten inzien dat niks doen echt goed voor hen is? Waarom gaan de meesten toch wel een beetje stiekem mee? Of noemen ze het toch voor het gemak maar even een cursus? O, dat is makkelijk te beantwoorden. Stel je toch eens voor dat je tegen je baas of tegen je collega's moet zeggen dat je even een paar dagen niets gaat doen. Niets gaat doen? Ben jij gek geworden? We hebben het toch al zo druk. Je kunt toch niet even niets gaan doen! Die sessies in Frankrijk zijn een enorm succes, dat hoeft geen betoog. Na de middagsessie nietsdoen en met elkaar praten hebben we het 's avonds over de zaken die mensen het meest inspireren. Waar ze hun kracht uit halen, waar ze hun energie uit halen. Fantastische verhalen hoor je dan. Altijd even authentiek. Want als het niet authentiek is, is het waardeloos. Dan kun je net zo goed gaan werken.

We noemen die bijeenkomsten in Frankrijk KERN-sessies, want het gaat daar om door te dringen tot de kern. Tijd nemen om met elkaar van gedachten te wisselen over de dingen waar het in het leven echt over gaat. Met mensen die dat normaal gesproken bijna niet doen. Omdat ze het te druk hebben. De plek is wel erg belangrijk. En deze plek, deze middeleeuwse boerderij, heeft een positieve energie. Sommige mensen zijn daar heel gevoelig voor. De plek daar is al tienduizenden jaren bewoond. Eerst in de prehistorie met grotbewoners, daarna Romeinen. En alhoewel het kasteel in 1360 verwoest is, heerst er toch een positieve energie. Ik moet toch nog eens goed begrijpen hoe dat kan. Want die verwoesting kan niet leuk geweest zijn. Aan de andere kant hebben er natuurlijk niet voor niets tienduizenden jaren mensen gewoond. Die zoeken toch ook, vaak onbewust, de goede plekken op.

Geschikte plek

Mensen niets laten doen kan niet overal, is de boodschap. De plek moet hen daar ook de energie voor geven. De energie om tot rust te komen. De rust om tot rust te komen. Dat kan niet zomaar op je kantoor. Alhoewel sommigen dat wel kunnen. Die mediteren een uurtje per dag, gewoon op hun kantoor. Maar daar moet je wel aanleg voor hebben. Dat moet je even leren. Maar al die ongetrainde mensen die niets willen doen. Dat moet wel een beetje gefaciliteerd worden.

Er is nog een lange weg te gaan, voordat organisaties hun management gaan aanmoedigen om niets te doen. Niet altijd natuurlijk, maar wel voldoende. Om zodoende vele malen productiever te zijn dan ze nu zijn. Het gaat nog wel even duren voordat het verplicht wordt om af en toe niets te doen. Omdat de organisatie inziet dat er dan een betere balans komt.

Vroeger was het toch echt wel stoer om te zeggen dat je tachtig uur per week werkte. Dat je het druk had. Op de vraag 'Heb je het druk' kun je toch met goed fatsoen niet antwoorden dat je niets te doen hebt. Hoe kun je succesvol zijn als je niets te doen hebt? Daar moeten we nog wel vanaf. Dat druk hebben. Dat is niet goed voor ons, zeker niet als het ons werk betreft. En helemaal niet als het dwangmatig gedrag oplevert.

Mag dat?

Een bekende CEO van een groot Nederlands bedrijf werkt zo hard dat hij bijna nooit thuis is. Vliegt van hot naar her. Begint elke ochtend om zeven uur. Is 's avonds laat thuis, als hij al thuis is. En om het nog wat erger te maken: hij verwacht dat akelige gedrag ook van zijn medewerkers. Dat hij zich zelf dat nu aandoet, is nog tot daaraan toe. Maar om dat vervolgens tot een cultuur te gaan verheffen, is bedenkelijk.

Tijdens een toespraak tot zo'n driehonderd managers bij een bedrijf dat ik leidde, maakte ik de opmerking dat het half zeven was en dat ik nu toch echt naar huis moest omdat ik die avond beloofd had bij de kinderen te zijn. In mijn ogen was ik al te laat en ik vond het verder niet zo'n bijzondere opmerking. Maar ik kreeg er tientallen vragen en mails over. Die allemaal de vraag inhielden of dat bij het bedrijf mocht. Of je die prioriteit dus 'mocht' stellen. De vraag verbaasde me enorm, maar blijkbaar was mij nog niet opgevallen dat dat een onderdeel was van de bedrijfscultuur. Hard werken en 's avonds lang doorgaan.

Als ik 's avonds niet werk, word ik nog steeds een beetje onrustig. Soms voel ik me zelfs schuldig, als ik een boek lees voor de open haard. Dat zijn toch echt afkickverschijnselen. Ik heb weleens gehoord dat rokers dat ook hebben als ze net gestopt zijn. Niets doen, het niet druk denken te hebben, is moeilijk. En wordt vaak niet erg gewaardeerd. Maar af en toe niets doen, is de beste remedie tegen stress. Het middel om problemen op te lossen. Is het middel om gelukkig te blijven, om je echt jezelf te laten zijn.

Niets doen zou een verplicht onderdeel moeten worden van werken. Misschien krijg je het dan nog weleens druk met nietsdoen.

Het fijne van *flow*

Soms lijkt het wel of de dingen allemaal vanzelf gaan. Als in een trance. Je voelt geen vermoeidheid. Je kunt eindeloos doorgaan. Een staat van geluk maakt zich van je meester, waarin je tot ver over je normale grenzen kunt presteren. Lang doorwerken is niet langer 'beulen' en 'afzien', maar vindt plaats in een roes van energie. Alsof je aan de drugs bent (en misschien maak je op zo'n moment ook wel gebruik van natuurlijke drugs in je lichaam).

Kortgeleden speelde het Spaanse Villarreal in de halve finale van de Champions League 2006. Een bijzondere prestatie, want vooraf zag niemand de club als kanshebber. Maar plotseling raakte het team in een stroom van succes. De spelers kregen vleugels en het team speelde wedstrijd na wedstrijd boven haar kunnen. Alles klopte. Wat had hen zover gebracht? Wat maakte dat het team bergen verzette en het onmogelijke mogelijk maakte? Het antwoord lijkt duidelijk. Zij kwamen in een staat van 'flow'. In een voortdurende stroom van energie die spelers tot grote hoogte deed stijgen, hen bijna deed zweven. Zij waren geïnspireerd door hun doel (de volgende ronde van de Champions League halen), en iedere keer als dat doel bereikt was lag het volgende, hogere doel direct voor de hand: het bereiken van alweer de volgende ronde. De overwinningen die werden geboekt gaven een gevoel van euforie. Iedere overwinning werd maximaal gevierd. Door de club, de fans, de kranten, en later zelfs heel Spanje. En de overwinningen gaven ook bevestiging van de haalbaarheid van de titel: 'Zie je wel? Het kan écht!'. Helaas eindigde het sprookje in een nederlaag tegen Arsenal, waardoor Villarreal de finale niet mocht meemaken. Maar ze hebben wel geschiedenis geschreven.

Het bijzondere is nu, dat als je over 'flow' spreekt, de meeste mensen niet direct aan hun werk denken. Werk is voor veel mensen saai. Noodzakelijk kwaad. We doen het voor het geld, of omdat het moet. Terwijl we daar toch zo'n 40 uur per week doorbrengen. Dat is ongeveer een kwart van de totale tijd en zelfs een derde van de actieve tijd, dat wil zeggen: de tijd dat we niet slapen. Klaarblijkelijk zijn veel mensen niet in staat zelf een 'flow'-ervaring in hun werk tot stand te brengen. En zijn de bedrijven onvoldoende in staat om 'flow' mogelijk te maken of op te roepen.

Zet de flow aan

Mijn eerste werkgever was een grote, multinationale onderneming. Ik was nog jong en had een gesprek met de directeur personeelszaken van de divisie waar ik werkte. "Wat is jouw ambitie bij ons bedrijf?" vroeg hij mij. Nou, ik wilde wel een directiefunctie bereiken, dus dat vertelde ik hem ook. Hij keek me aan. "Dat wil iedereen die hier komt", zei hij. Ik moest specifieker zijn. Toen opperde ik dat ik wel voorzitter van de

Raad van Bestuur wilde worden. Dat bleek nog nooit niemand tegen hem gezegd te hebben. "Daar heb je minstens 30 jaar ervaring voor nodig", zei hij. "Dat kunnen we dus niet opschrijven". Echte ambities waren klaarblijkelijk ongebruikelijk. Of werden niet uitgesproken.

De ervaring met de personeelsdirecteur was niet direct een begin van een 'flow'-ervaring, natuurlijk. Niet erg stimulerend. Wat zouden bedrijven als deze multinational er anders uitzien als zij in staat waren 'flow' te creëren voor hun medewerkers. Stel dat ieder geslaagd project, of ieder geslaagd kwartaal, of ieder geslaagd contact met een klant zou aanvoelen als 'het halen van de volgende ronde in de Champions League', dan zou het bedrijf er werkelijk anders uitzien. Het bedrijf zou inspireren, sprankelen en bruisen van creativiteit en ongekende energie los maken. Fantasie? Utopie? Het feit blijft dat 'flow' bestaat, dat het ongekende energie geeft, en dat het voor de meeste mensen op het werk nauwelijks voorkomt.

Op je tenen

Kort na mijn gesprek met de personeelsdirecteur besloot ik dat ik een eigen bedrijf zou starten waarin ik mijn ambities beter kwijt kon. Zo was ik bovendien meteen algemeen directeur en was mijn eerste doel gelijk gerealiseerd. Kon ik direct op zoek naar nieuwe doelen. In dat eigen bedrijf heb ik sterke 'flow'-ervaringen gekend. Ik heb er hard gewerkt, maar nooit het gevoel gehad dat dat een last was (mijn omgeving dacht daar soms anders over, maar dat is een ander verhaal). Steeds kon ik nieuwe doelen vinden die me inspireerden, en steeds werden de doelen met resultaten en succes bevestigd. Het bedrijf groeide, werd succesvol en later ook verkocht.

In de gangbare theorie ontstaat 'flow' uit de juiste balans tussen uitdaging (inspirerende doelen) en vaardigheid (de haalbaarheid van het doel). Een grote uitdaging bij weinig vaardigheid levert angst op. Angst om te falen. Dat creëert geen 'flow'. Eens werkte ik bij een bedrijf dat sterk aan het uitbreiden was. Op een bepaald moment stelde ik vast dat ik een andere secretaresse nodig had, met meer vaardigheden en werkervaring dan de secretaresse die voor mij werkte. Dat is geen leuke boodschap. Toen we daarover in gesprek kwamen, bleek zij volkomen opgelucht. Ze had maanden lang op haar tenen gelopen en de oplopende werkdruk bracht veel stress met zich mee. Ze werkte steeds langere dagen met steeds minder bevestiging van haar kunnen, steeds minder resultaat. Ze was in een verkrampte angsttoestand terechtgekomen. Een toestand van 'anti-flow' zou je kunnen zeggen. En ze was blij dat de gelegenheid zich voordeed om zich zelf uit die situatie te bevrijden, zelfs al bracht dat nieuwe onzekerheden met zich mee.

Het gaat maar door

Omgekeerd levert weinig uitdaging bij grote vaardigheid verveling op. Ook dat creëert geen 'flow'. Iedereen kent wel het verhaal van de zakenman die op 55-jarige leeftijd vervroegd met pensioen gaat. Gewend aan constante druk, altijd aanwezige adrenaline, strak time management en parallelle taakverwerking, valt hij in een leegte die zijn weerga niet kent. Wat moet hij met die tijd, dat gebrek een stimulans en prikkels? Op zijn 58e jaar krijgt hij zijn eerste hartaanval. Hij herstelt, maar wordt nooit meer de oude. Op zijn 62e is hij een oude man geworden, die grotendeels wordt verzorgd door zijn vrouw. Op zijn 64e, nog vóór zijn officiële pensioengerechtigde leeftijd, overlijdt hij. Ook dit is een toestand van 'anti-flow', maar dan van de tegenovergestelde soort.

Voor 'flow' is het nodig dat doelen en vaardigheden in overeenstemming zijn. Dat de eisen die de doelen aan je stellen haalbaar zijn en binnen je vermogens liggen. En al werkende nemen die vermogens, dus die vaardigheden, toe. Je wordt handiger, krijgt ervaring en inzicht, enzovoorts. En naarmate je vaardigheden toenemen, kunnen (of moeten) ook de doelen hoger gesteld worden. 'Flow' vraagt om steeds complexere doelen. 'Flow' staat nooit stil. Is nooit statisch.

Naast een goede balans tussen doelen en vaardigheden is regelmatige bekrachtiging ('feedback') nodig om 'flow' te bereiken. Als je jarenlang een doel voor ogen hebt maar nooit een bevestiging voelt dat je doel dichterbij komt, dan raak je uit de 'flow'. Ikzelf was zo iemand, en ik kende er velen uit mijn omgeving: de mensen die een boek willen schrijven. Al jaren was ik het van plan. Hele hoofdstukken spookten overdag en 's nachts door mijn hoofd, maar er kwam geen letter op papier. Totdat je er serieus aan begint. Ieder hoofdstuk, zelfs iedere bladzijde die je schrijft werkt als een bevestiging van je droom, een terugkoppeling op je voornemen om dat boek wérkelijk te gaan schrijven. Het boek waar ik jaren over heb nagedacht, werd uiteindelijk in nog geen drie maanden geschreven. En ik wil niets romantiseren: soms ging het vanzelf, soms ging het moeizaam. Maar ik vond duidelijk de 'flow' van het werk. En daarom is het nu af, nu je dit leest.

We gaan vooruit

Die feedback kan trouwens uit kleine dingen bestaan. Zelfs met kleine, tussentijdse bekrachtigingen kan je energie snel toenemen. Een zeezeiler ziet dagenlang alleen maar water, maar uit zijn voortschrijdende positie op de navigatiekaart haalt hij zijn feedback. Hij 'ziet' de vooruitgang en put er moed uit. Andere zeezeilers halen hun feedback uit dolfijnen die meezwemmen, of ijsbergen die zij rakelings passeren. Het is maar net waar je de reis voor maakt, maar bevestiging van dat doel is cruciaal om in de 'flow'-toestand te blijven.

Toen wij onlangs een presentatie aan enkele grote bedrijven moesten geven, besloten we af te zien van een diashow op de beamer. In plaats daarvan maakten we een grote poster, van wel twee meter doorsnede, waarop het hele verhaal was uitgebeeld, met zo weinig mogelijk tekst en des te meer plaatjes. Het effect was enorm. In plaats van een slaperig publiek in een zaal hadden we nu actieve deelnemers die rondom de poster stonden te wijzen en te gebaren. Iedereen kon pro-actief het element aanwijzen en benadrukken waar hij enthousiast over was en het werkte direct aanstekelijk. De discussie raakte in een stroomversnelling en iedereen wilde meedoen met het voorstel. De poster bleek een hulpmiddel voor 'flow' te zijn. Niet alleen bood de benadering een overzicht over het totale voorstel, maar iedereen kon in korte tijd zijn enthousiasme en energie kwijt, zonder te hoeven wachten tot de diashow eindelijk aanleiding gaf om bijval te kunnen uiten. De feedback-tijd was veel korter geworden en de energie nam navenant toe.

Het gaat dus om inspirerende, haalbare doelen en om feedback. En de doelen komen natuurlijk eerst, want daaruit volgt de rest. In onze projecten doen wij veel interviews met onze klanten en dan vragen we naar hun dromen en ambities. Alleen persoonlijke dromen en ambities tellen. Geen obligate antwoorden. En het is verbazend te merken hoe graag mensen daarover vertellen. Persoonlijke dromen en ambities zijn de motor achter 'flow'. De ultieme energiebron. Het gaat tenslotte om persoonlijk geluk. Want persoonlijk geluk is nou precies het fijne van flow.

Chaos en orde

creatief

Je zou een organisatie kunnen vergelijken met een machine. De processen en de procedures vormen de tandwielen in het raderwerk. De toeleveranciers leveren de grondstoffen bij het begin van het productieproces, en vanuit de magazijnen en de winkels worden aan het eind van het proces de producten uitgeleverd. Het proces kan bovendien door middel van een regelsysteem worden aangestuurd. De machine kan sneller of langzamer produceren en met kleine variaties in het proces kunnen ook variaties in het product worden gerealiseerd. Als de eisen aan het product grotere veranderingen vragen dan kunnen we besluiten om het productieproces in de machine geheel opnieuw in te richten. Maar het productieproces blijft in het beeld van de machine centraal staan. De organisatie als schepper van orde. Van regelmaat en voorspelbaarheid. Van totale controle.

Menselijke hulpbronnen

Voor veel mensen heeft dit beeld weinig aantrekkelijks. Mensen worden 'human resources', naast tal van andere resources die de organisatie consumeert zoals kapitaal en grondstoffen. Het heeft ook iets doods en deterministisch. Waar blijft de inspiratie en de creativiteit in zo'n machine-achtige organisatie? En hoe kan zo'n organisatie flexibel reageren op een grillige werkelijkheid?

Bovendien lijken de organisatiemachines die we ontworpen en in gebruik hebben lang niet altijd effectief. We horen maar al te vaak van organisatiemachines die vastlopen en zelfs totaal ontsporen. Denk aan stroperige, bureaucratische organisaties waarin vooral dingen niet mogelijk zijn. Of aan frauduleuze excessen (vooral wanneer we het machinedefect te laat op het spoor komen) die leiden tot de totale ondergang van giganten als Enron of Parmalat. Ons leven zit er vol van. En omdat organisaties belangrijke bouwstenen zijn van het functioneren van onze samenleving, is het maar de vraag of we er op een machine-achtige manier naar willen blijven kijken.

De tegenpool van de machine zou wellicht de totale anarchie zijn. De algehele afwezigheid van vastomlijnde regels. Alles kan en alles mag. Dat stelt onszelf in elk geval maximaal open voor de buitenwereld. Je zou kunnen verwachten dat als er zich iets relevants voordoet in de markt er altijd wel een individu te vinden is die daar inspiratie aan ontleent, er een product bij bedenkt en dat aanbiedt aan de markt. Organisaties zijn dan misschien helemaal niet nodig of ontstaan spontaan en verdwijnen ook weer. 'Laat duizend bloemen bloeien', zeggen ze wel eens in bedrijfsjargon. De organisatie als bewaker van de volmaakte chaos. Van het openhouden van alle mogelijkheden.

Beide modellen werken natuurlijk niet. De volmaakte orde is ineffectief, de volmaakte chaos is inefficiënt. De volmaakte orde leidt tot inertie door de beperkingen van de machine, en de volmaakte chaos leidt tot apathie doordat iedere richtinggevende logica en structuur ontbreekt. Beide leiden tot dodelijke passiviteit waarin uiteindelijk niets meer gebeurt.

Geen alternatief voor oogkleppen

Er zijn voorbeelden te over van orde-gerichte organisaties die door gebrek aan flexibiliteit in hun toenmalige structuur niet konden overleven. Toen de PC ontstond, meende IBM dat dat een irrelevante ontwikkeling was in haar geplande strategie van ontwikkeling van mainframe computers. Korte tijd later waren ze bijna failliet: zij hadden het belang van de PC niet op tijd gezien, en kónden dat ook niet binnen hun bestaande regels en paradigma's. Op dezelfde manier heeft internet veel uitgevers voor een dilemma geplaatst. De overgang van het tijdperk van 'kennis is macht' en winstgevende copyrights naar gratis downloads en virale marketingstrategieën kostte een aantal van hen de kop. De computergigant en de uitgevers waren beide iconen van de gevestigde orde, en dachten in maakbaarheidsprincipes, in beschermde, gevestigde belangen, in processen, procedures en regels die hun macht consolideerden.

Maar er zijn evenzovele voorbeelden van chaotische omstandigheden die geen alternatief bleken. In het jaar 2000 was er de internet-hype. Alles kon, alles mocht. Er werd gesproken over een 'Nieuwe Economie' waarmee alle oude paradigma's terzijde werden geschoven. Nuchterheid en rationaliteit waren ver te zoeken. Het verstand werd thuis gelaten, zo leek het wel. Er werden investeringen gedaan van honderden euro's in één enkele internet-abonnee, in de stellige verwachting dat die binnenkort al zijn aankopen via het web zou gaan doen en dat de internet-aanbieder daarop een winkelmarge zou kunnen verdienen.

Het beursschandaal rond WorldOnline staat velen in het geheugen gegrift. Op een torenhoge koers verzilverden de eigenaars de winst, en dat leidde natuurlijk tot scheve ogen toen de koers kort na de beursgang in elkaar klapte. In de rechtsgang erna stonden vooral de voorwetenschap en onregelmatigheden centraal. Maar de werkelijke oorzaak was natuurlijk de absurditeit van de koers zelf.

Deze arrogantie werd – zoals we nu allemaal weten – genadeloos afgestraft. En dat heeft ook 'goede' bedrijven en initiatieven veel schade berokkend. Het kwam als een schok toen AOL het aloude en vertrouwde Time Warner overnam in ruil voor aandelen. De bedrijfswaarde van Time Warner die in decennia zorgvuldig was opgebouwd, werd in één klap verruild voor – wat een paar later jaar bleek – marginale waarde (laat ik het maar niet 'oud papier' noemen).

Is er ergens een balans?

Het ligt dus voor de hand dat er een balans tussen Chaos en Orde moet worden bewaard. Chaos om flexibiliteit en creativiteit te bewaren, en Orde om productiviteit en efficiency te garanderen. Maar hoe houden we een gezonde balans in stand? Waar ligt dan het optimum?

Niet lang geleden moesten wij voor een belangrijke opdrachtgever in enkele weken tijd een workshop organiseren. Die workshop maakte deel uit van een groter totaalprogramma dat we zelf aan het bedenken waren en waarvan alleen de contouren vaststonden. Iedereen wist dat de inhoud van de workshop een beslissende richting zou geven aan het totaalprogramma, maar wat dat totaalprogramma inhield wisten we nog geen van allen precies. Er zijn in de aanloop naar de workshop diverse pogingen gedaan om een algeheel projectplan op te stellen dat zowel de lange termijn koers van het programma, als ook de inhoud van de workshop omvatte. Maar het leek wel alsof ieder spijkertje dat we vast sloegen een onmiddellijke tegenreactie losmaakte, waardoor alle mogelijkheden weer open lagen.

Het zoekproces in onze hoofden en in het hoofd van de opdrachtgever was nog zó los dat het zich niet liet fixeren. De projectleider werd er gek van. "Niemand neemt hier een besluit!", riep hij wanhopig. Ik probeerde hem nog gerust te stellen dat dit nu eenmaal hoorde bij een creatief ontwerpproces, maar ik begreep zijn emotie natuurlijk wel: we hadden wél aan een verwachting te voldoen en daarvoor moesten uiteindelijk concrete dingen worden voorbereid, en dus concrete besluiten worden genomen. Tot op het laatste moment bleef alles open. Pas enkele dagen voorafgaand aan de workshop ontstond er een soort 'flow' van ordening. Ineens dwarrelden alle losse eindjes neer en kwam het eindproduct tot stand. En als je het eindresultaat bekeek, leek het alsof we het van het schap geplukt hadden. Ik heb ervan geleerd dat het niet alleen maar balanceren is tussen Chaos en Orde, maar het is ook een kwestie van timing: wanneer is het tijd om de ordening zijn zuiverende werk te laten doen? Ik vertrouwde erop dat in de hoofden van alle betrokkenen het ordeningsmoment zich als vanzelf zou aandienen. Als een synchronisatie. En dat gebeurde ook.

Chaordische organisaties

Ik las onlangs een fascinerend boek, geschreven door Dee Hock. Hij omschreef de situatie van de creditcardmarkt in de VS in de jaren zestig.

Alle banken gaven kaarten uit en stonden borg voor betaling naar de markt. Alle banken verstrekten ook kredieten aan de kaarthouders en wisten dat als het niet hun eigen kaart was, er een harde borgstelling van een andere bank tegenover stond. De regels waren helder. De machine werkte. Op papier dan. Het effect was dat banken vooral bezig waren met kredietverstrekking. Immers, aan iedere transactie verdienden zij geld. Het innen van de gelden via de borgstellingen van andere banken kreeg veel minder prioriteit. Dat geld kregen ze toch wel. Het gevolg was dat het systeem ontregeld raakte doordat veel te laat werd ingegrepen in zwakke kredietlijnen en frauduleuze transacties. De machine ontspoorde.

Hock zag in dat de complexiteit van het kredietsysteem te groot was om in één organisatiemodel te kunnen controleren. Daarom koos hij voor een model van 'zelforganisatie'. En dat werkte als volgt. Hij creëerde een coöperatie waarin deelnemende banken hun kaarten inbrachten. Alle deelnemende en toetredende banken kregen een gelijk aandeel in de coöperatie. Binnen de coöperatie werd een handvest vastgesteld: een gedragscode van doelen en principes waaraan iedereen zich zou houden. Bovendien werd de coöperatie in regio's verdeeld, die ieder in vrijheid hun eigen processen, systemen en structuren mochten ontwikkelen. Niet-lokale processen die iedereen aangingen moesten daarentegen voor goedkeuring weer terug naar het centrale bestuur.

De coöperatie groeide daarna exponentieel. Vandaag de dag mogen meer dan 22.000 concurrerende banken zich mede-eigenaar van deze coöperatie noemen, en samen bedienen zij meer dan 750 miljoen klanten die jaarlijks meer dan duizend miljard transacties genereren waarvoor uiterste samenwerking onder de leden nodig is. In 1973 kreeg de coöperatie een wereldwijde merknaam: VISA.

De methode waarop Hock de zelforganisatie tot stand heeft gebracht, heeft hij de naam Chaordisch Ontwerp meegegeven. Een eigentijds organiserend proces dat de balans bewaart tussen Chaos en Orde. Eén van mijn favoriete voorbeelden van een chaordische structuur is Wikipedia (www.wikipedia.org), de web-encyclopedie waaraan duizenden mensen meewerken als vrijwilliger, hun kennis toevoegen aan de betreffende trefwoorden en zodoende een mega-encyclopedie hebben gecreëerd die inmiddels de omvang én de correctheid van de Encyclopædia Britannica is voorbijgestreefd. Het doel (het toegankelijk maken van kennis) en de principes (gedragsregels voor de schrijvers) van dit chaordisch ontwerp zijn zó krachtig dat het een schoolvoorbeeld is geworden van zelforganisatie in de dans tussen Chaos en Orde.

Nachtmerries
als recep

Rust aan het front. Als de markt aantrekkelijk is en er wordt veel omgezet en navenant winst gemaakt, dan is het meestal aangenaam om in een bedrijf te verkeren. Aandeelhouders zijn blij, management en medewerkers zijn trots, opdrachten worden gescoord en er heerst een prettige vibratie in de organisatie. Kortom, een vreugdevol bestaan. Althans, zo lijkt het. Want hoe beter het gaat in een markt, des te meer die in de belangstelling staat van nieuwe toetreders. Het gevaar van concurrentie ligt altijd op de loer, maar zeker in een groeimarkt met hoge marges.

Een goede markt is dus kwetsbaar voor nieuwe toetreders. Maar er is nog een kwetsbaarheid. Als het zo goed gaat met de markt en de organisatie, zijn er nauwelijks redenen te bedenken om het anders te gaan doen. Waarom zou je? En wie gaan er serieus meedenken over bedreigingen als er alleen maar opportunities lijken te zijn. Het is vreselijk moeilijk om in een succesvolle periode een bedrijf aan te zetten om zich te wapenen tegen concurrentie. Voor je het weet, noemen ze je paranoïde. "Maar meneer", zei de dokter tegen de patiënt, "het feit dat u paranoïde bent, wil nog niet zeggen dat u niet achtervolgd wordt." En zo is het.

Nee, neem dàn een bedrijf als KPN, dat aan het begin van dit millennium in doodsnood verkeerde. Als een bedrijf in een dergelijke situatie verzeild raak en het management is capabel, dan is het vaak tot grootse daden in staat. En bovendien tot snelle acties, want niets doen betekent de doodsteek. Om dan een sense of urgency te creëren, is vele malen makkelijker dan het tot stand brengen van eenzelfde gevoel bij een succesvol draaiend bedrijf in een gezonde markt. Als het slecht gaat, blijkt (zoals de Engelsen zeggen) dat "necessity is the mother of invention". Maar KPN was ooit ook monopolist. Een onnatuurlijke situatie, waarbij

voor betere nachtrust

concurrentie kunstmatig werd geweerd. In dergelijke omstandigheden is het bijna onmogelijk om een bedrijf tot veranderen te bewegen. Concurrentie is een zegening voor elke organisatie, ook al voelt dat vaak niet zo. KPN functioneert in mijn ogen nu heel wat beter dan vroeger. Ook al heeft men wellicht wat marktaandeel verloren, de klanten zijn inmiddels veel beter af dan ten tijde van het staatsmonopolie. En KPN is veel robuuster en vernieuwender geworden.

Wie ziet de bui al hangen?

Nu even terug naar het begin. Het bedrijf draait goed, maar in de verte ziet het visionaire management concurrentie aankomen of een dreigende verandering in marktomstandigheden. Erg veel bedrijven en organisaties zien in deze global marketplace aan de horizon de barbaren verschijnen, bij wijze van spreken. Zo werken wij voor een toeleverend bedrijf aan de automobielindustrie, dat met zekerheid weet te zeggen dat hun markt fundamenteel gaat veranderen, onder andere door toetreding van China en productieverplaatsing naar Oost-Europa. Zoals de CEO ons vertelde: "De zaken gaan goed, maar als we dingen niet anders gaan doen in plaats van beter, dan bestaan we over enkele jaren niet meer."

Bedrijven die de dreiging zien aankomen, moeten daarnaar handelen. Door het bedrijf te wapenen tegen het naderende onheil. Maar hoe spoor je de creatieve geesten aan om na te denken over het afweren van bedreigingen als er in geen vuiltje aan de lucht lijkt te zijn? Mijn ervaring is dat het in dergelijke situaties gewenst is om zelf een angstwekkende concurrent te scheppen. We noemen een dergelijke concurrent, die een bedreiging voor de gevestigde orde vormt, de Nightmare Competitor. Een concurrent, zo anders, zo gemeen en zo gevaarlijk, dat je er nachtmerries van krijgt...

Als ondernemer kun je het maken van Nightmare Competitor scenario's als aanpak gebruiken om je bedrijf, dat in rustige vaarwateren (lijkt te) zijn, wakker te schudden en tijdig met scherpe strategieën en transformaties te komen.

De volgende oorlog winnen...

We kijken eerst naar zo'n nachtmerrieconcurrent 'in het wild'. Nightmare Competitors slaan vaak toe in rustige, verkavelde markten, waar een monopolist of een gezapig oligopolie door goede afspraken prachtige winsten maakt. Maar niet alleen daar. In onze veranderlijke wereld zijn alle markten gevoelig voor ontregeling.

In 1995 werd Easyjet opgericht door de miljonairszoon Stelios Haji-Ioannou. In korte tijd veroverde Easyjet een groot marktaandeel en werd het de schrik van de gevestigde orde. Waarom? Omdat Stelios zich consistent richtte op de kernbehoefte van een (grote) groep luchtreizigers. Namelijk om zonder gedoe betrouwbaar en goedkoop van A naar B te vliegen. Door dit compromisloos tot leidraad voor zijn businessmodel te maken, bracht Stelios een geheel nieuwe aanpak, met een nieuw prijsniveau, op deze markt.

Ryanair ging nog een stap verder. Naar sommige locaties worden vluchten gratis aangeboden. Hoe dat kan? Door goed te kijken naar de 'source of money'. Wie hebben er belang bij dat (veel) reizigers in B komen? Hotels, restaurants, recreatieoorden, winkels en zo voorts. Die belanghebbenden sponsoren de reis.

Een Nightmare Competitor is niet zomaar een nieuwe toetreder, nee, een hij verandert de regels van het spel. En wel op een wijze die niemand kan negeren. Maar helaas heeft elk gevestigd bedrijf een zodanige legacy, dat het moeilijk is om het businessmodel van de Nightmare Competitors snel te kopiëren.

Er zijn talloze andere voorbeelden, die alle hetzelfde punt illustreren. Zo heeft Skype een enorme opgang van telefoneren via internet te zien gegeven. Jaren geleden heeft Dell een aanval op de gevestigde orde geopend, door de hele logistiek rondom PC's te veranderen en ook de klant de mogelijkheid te geven zelf zijn PC te configureren. Dell is tegenwoordig marktleider, maar begon als een Nightmare Competitor die de regels van het spel (logistiek concept en customer self-service) veranderde. Een voorbeeld in de wereld van de tankstations is Tango, dat eigenlijk in deze branche het concept van Easyjet overnam: geen poespas, alleen tankpas. Geen personeel, geen winkel, gewoon tanken, betalen, wegrijden. In Nederland ligt de aanval van Route Mobiel op de ANWB nog vers in het geheugen. Ook kennen we natuurlijk de enorme impact van Amazon.com en Google. Een nachtmerrie met bijzonder grote gevolgen is eBay. Door eBay werd het model voor het verhandelen van tweedehands goederen compleet veranderd. Was het vroeger een Business-to-Consumers-model, met bedrijven als bemiddelaars tussen de verkopende partij en de markt, nu is het een Consumers-to-Consumers-model geworden. Een heel ander spel, met andere regels en een ander verdienmodel.

Nu lijken dit voorbeelden die vaak ver van ons bed zijn ontstaan, maar ook in ons land wordt druk genachtmerried. Goede voorbeelden hiervan zijn Dezaak.nl en Casus.com – bedreigingen voor notarissen, banken,

administratiekantoren en tussenpersonen. Met Casus.com is het mogelijk om voor minder dan de helft van de gangbare kosten allerlei notariële diensten te laten verrichten.

Aanvallen of verdedigen?

Het zijn dus gemene aanvallers, die Nightmare Competitors. Letterlijk your worst nightmare. Ze veranderen de regels en je hebt eigenlijk niet de tijd (en ook niet de mogelijkheden) om adequaat te reageren. Veel verandert, maar één ding is zeker: ze pakken je op je zwaktes of onbenutte mogelijkheden. De zwakke onderbuik, St. Joris en de draak, en raad eens wie de draak is?

Als je ze tijdig ziet aankomen, dan kun je nog wat doen, zou je denken. Maar is dat wel zo? Vraag aan een organisatie in een 'makkelijke' markt om een strategie te maken. Komt men dan met oplossingen die het spel veranderen? Het is bekend dat generaals altijd de vorige oorlog vechten. Waarom is de Maginot-linie gebouwd? Omdat de Franse defensie is ontworpen door generaals die de Eerste Wereldoorlog hadden geleid en dat was een loopgravenoorlog. O ja, en Nederland en België waren toen neutraal, dus de linie hoefde niet naar het noorden te worden doorgetrokken. De nachtmerrie hebben we gezien: een Blitzkrieg van tankdivisies die om de Maginot-linie heentrokken. Dat was schrikken.

Hoe kunnen de generaals wakker geschud worden en bezig gaan met de volgende oorlog? Mijn ervaring, en ik heb dat gezien in organisaties die ik zelf heb geleid, maar ook bij mijn huidige klanten, is dat het volgende goed werkt.

Stamp ons in de grond

Begin met het ontwerp van een Nightmare Competitor. Laat dit door strategen, marketeers en development managers uit de organisatie doen, of, nog beter, door de high-potentials. Dat geeft de nodige frisse blik, maar is ook goed in te passen in een MD-programma. Uiteraard helpt het om een derde partij erbij te betrekken die zorgt dat het scherp blijft. Dit verandert de gangbare aanpak voor de strategie van een bedrijf in goede tijden aanzienlijk. Want de opdracht luidt: analyseer de markt, de trends en ontwikkelingen, de bedreigingen, je zwaktes en stel je vervolgens voor dat je met ongelimiteerde middelen een nieuw bedrijf mag opzetten dat je eigen bedrijf uit de markt concurreert – hoe zou dat bedrijf er uit zien? Geen last van erfenissen en daardoor ruimte om de spelregels te veranderen. Ga je gang, maak ons kapot!

Mensen raken, als ze eenmaal in het proces zitten, enorm gemotiveerd en er wordt met veel plezier gewerkt aan het Nightmare Competitor scenario. Dat is geen wonder, want er wordt een sterk beroep gedaan op de combinatie van creativiteit, omgevingskennis en vakkennis. Tijdens een tweedaagse Summit voor een groot industrieel bedrijf waar New Business het thema was, hebben we het aanwezige topmanagement gevraagd om zo'n Nightmare Competitor te maken – om een sense of urgency te krijgen. Na de Summit volgde per Business Unit een workshop met het management om new business projecten op te zetten. In de voorbereiding van de workshop voor zijn bedrijf vroeg de Managing Director van één van de Business Units enigszins bezorgd of we die Nightmare Competitor verder gingen uitwerken. Dat was inderdaad niet de bedoeling, maar de wedervraag was: is de ontworpen concurrent een serieuze bedreiging? Want als dat zo is, dan is het uitwerken van het scenario om de strategie aan te scherpen alleszins de moeite waard. Stop het dan niet in een la, als een aardigheidje. Want wat zul je spijt hebben, als die Nightmare Competitor werkelijk aan de horizon opdoemt…

Wat doen we ermee?

Wat te doen als je zo'n nachtmerrie-ontwerp hebt? Er is een aantal mogelijkheden, afhankelijk van de situatie. Eén optie is natuurlijk om zelf, onder een andere naam, de Nightmare Competitor in de markt te zetten. Dat kan in de eigen markt, met als achterliggend idee dat de nieuwe concurrent weliswaar de moederorganisatie kannibaliseert maar vermoedelijk nog veel meer business weghaalt bij overige concurrentie. De Nightmare Competitor kan ook in een andere geografische markt worden gelanceerd, waar je zelf nog niet aanwezig bent en andere partijen (liefst ook je lokale concurrenten) wèl. Dit is een aanvallende variant. En bij succes wellicht toepasbaar op de thuismarkt.

Soms is het evident dat de Nightmare Competitor, als deze op de markt zou verschijnen, veel omzet en/of marge weg zal halen en dat zelfs het weghalen van omzet bij de concurrentie hier niet tegen opweegt. Dát die Nightmare Competitor ooit eens verschijnt, is welhaast onvermijdelijk. Dus wat is wijsheid? Zorg dat alle (vooral de tijdrovende) voorbereidingen zijn getroffen om zelf het model van de Nightmare Competitor te implementeren. Dan weet je dat, zodra de nachtmerrie verschijnt, je adequaat kunt reageren. En tot die tijd blijf je keurig verdienen aan het huidige businessmodel. Dit is een verdedigende variant.

Een derde, ook verdedigende variant is heel voor de hand liggend. Analyseer de bedreigingen van de Nightmare Competitor die je hebt ontworpen en implementeer de juiste verdedigende maatregelen vanuit

je bestaande businessmodel. Mochten die er niet zijn, of is het effect onvoldoende zeker, dan is één van de andere varianten vast verstandiger.

Hoe dan ook, door het Nightmare Competitor-scenario als een reële bedreiging neer te zetten, wordt veel strategische scherpte gewonnen. Het is dus ideaal om toe te passen in een situatie waarin het bedrijf (nog) monopolist of marktleider is, of in een stabiele winstgevende markt verkeert. Laat je niet in slaap sussen; de vijand is alert. Zo blijf je creatief ondernemen, ook in rustige tijden. En het is een grote inspiratie voor de deelnemers — het voelt als een traktatie, niet als werk. Dus, paradoxaal genoeg, af en toe een goede nachtmerrie garandeert op termijn een betere nachtrust.

To be and not to be

Er zit nog een diepere laag in het verhaal van de nachtelijke concurrent. Wat je eigenlijk probeert via de omweg van het Nightmare Competitor-scenario, is om uit je eigen paradigma te ontsnappen – over je eigen schaduw heen te springen. Elke organisatie heeft een identiteit, een bepaalde cultuur, een businessmodel, een markt, een imago, een beeld van klanten en concurrenten. Dat functioneert in de dagelijkse praktijk prima: het is de 'vastigheid' die je in staat stelt effectief te handelen. Als neveneffect ontstaan echter starheid, vaste patronen, ondoordachte reflexen en die kunnen, als de omstandigheden veranderen, juist heel ineffectief zijn.

Via het maken van nachtmerrie-scenario's kun je daaraan ontsnappen. Je ontstijgt even aan het eigen 'zijn' en maakt ruimte, leegte, voor een nieuw paradigma. Bedrijven die dat goed kunnen, noemen we Conscious Companies. Dat zijn de bedrijven van de toekomst.

De mythe

Je wordt er mee doodgegooid, zoals dat heet. Iedereen praat overal over innovatie. Je hebt leerstoelen innovatie, je hebt boeken en handboeken innovatie, je hebt innovatiemanagers en zelfs stafmedewerkers innovatie. En toch wordt er nauwelijks geïnnoveerd.

Er bestaat een enorme discussie over innovatie, waarbij het niet in de laatste plaats over de definitie gaat. Of over wie nu wel en wie nu niet innoveert. Zelfs zijn er discussies over concurrentie in innovatie. Wat is innovatie; volgens mij niet meer en niet minder dan een vernieuwing die bovendien in de praktijk min of meer succesvol is ingevoerd.

Toch blijven er *diehards* vasthouden aan de definitie van een technische vernieuwing. Alsof innovatie is voorbehouden aan de wereld van techneuten. Innovaties die voortkomen uit laboratoria zijn inderdaad vaak technisch van aard. Het zijn dingen die vernieuwend zijn. Bijvoorbeeld een hybride motor. Dat was ooit een innovatie die momenteel met enig succes geïmplementeerd wordt. En zo zijn er erg veel technische innovaties. Maar een veel groter terrein bestrijken innovaties die niet in producten uit te drukken zijn. Zoals organisatorische innovaties of maatschappelijke innovaties. Het creëren van een Free-Zone in Dubai heeft bijvoorbeeld gezorgd voor een immense aantrekkingskracht op allerlei international opererende bedrijven. Waarom bedenkt Dubai dat en niet een ander land dat hetzelfde doel nastreeft? Namelijk het aantrekken van bedrijvigheid. Nederland heeft ooit een belastingtechnische innovatie doorgevoerd waardoor er hier nu vele tienduizenden holdingmaatschap-

van innovatie

pijen gevestigd zijn. Waarom bedacht een ander land dat niet? Nederland bedacht aan het begin van de Gouden Eeuw een constructie waardoor het mogelijk werd om grote handelsexpedities over de hele wereld te laten uitvaren. De Verenigde Oost-Indische Compagnie (1602). Waarom bedacht een ander land dat niet?

Wie steekt z'n nek uit?

Dus innovatie is te vinden op een veelheid van gebieden. Waarom dan toch die onenigheid over innovatie? Ik kan me herinneren dat de Nederlandse overheid het concept van Twinning invoerde, om innovatief ondernemerschap in Nederland te stimuleren middels een fonds. Onmiddellijk dook er kritiek op van de gevestigde venture capital maatschappijen, die dat als concurrentie zagen. Terwijl er in mijn ogen met de oprichting van Twinning slechts een minuscuul kleine bijdrage werd geleverd aan het dramatische tekort aan venture capital. Dus, terwijl er op microniveau ruzie werd gezocht over de rollen van de diverse fondsen, bestond er in Nederland een enorm tekort aan risicodragend kapitaal. Nog steeds overigens. Nog steeds hebben innovatieve, startende ondernemers maar heel weinig plekken om naar toe te gaan als het om aantrekken van kapitaal gaat. De overheid draagt daar af en toe een heel klein kiezeltje aan bij, maar daar mag dan vervolgens weer geen risico mee gelopen worden. Zoals we gezien hebben bij Twinning. Iedere venture capital maatschappij en elke zogenaamde 'angel' investeerder weet dat aan elke investering die ze doen in een vroeg stadium (early stage) enorme risico's zitten. En elke ondernemer weet dat er heel erg veel van

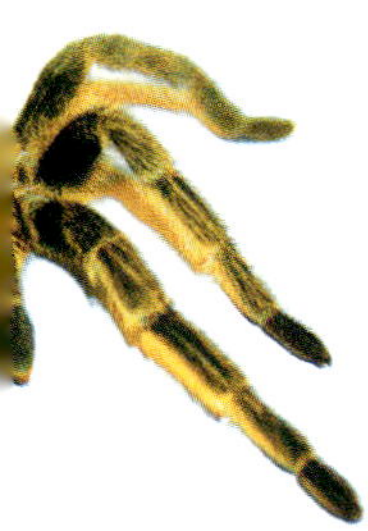

zijn probeersels mis gaan. Maar als je dat niet wilt moet je niet willen ondernemen, moet je niet willen innoveren. Die risico's willen overheden en banken toch wel liefst uitsluiten, althans minimaliseren. En vandaar de paradox; een venture fonds van de overheid. Altijd discussie achteraf over hoe het geld besteed is.

Innoveren is in hoge mate een ondernemende activiteit. Met dus veel ingebakken risico. Het Natlab van Philips had en heeft waarschijnlijk een hoge mate van mislukte experimenten. Maar het Natlab was in mijn ogen toch altijd een broedplaats van vernieuwing. Evenals Bell Labs en het Palo Alto Research Center. Zo zijn er helaas nog maar weinig plekken in de wereld. Clubhuizen en speeltuinen waar min of meer ongebreideld geëxperimenteerd mag worden. Om te komen tot oorspronkelijke vernieuwing. Oorspronkelijkheid is ook bij innovatie een belangrijk element. Alhoewel je in mijn ogen ook gewoon kunt innoveren door een slimme combinatie te bedenken van reeds bestaande zaken.

Welke chef heeft het lef?

Zelfs kun je innoveren door eigenlijk helemaal niet innovatief te zijn, maar door gewoonweg te kopiëren. Want iets dat voor de ene organisatie niet innovatief is, omdat ze het al jaren zo doen, is voor een andere organisatie een ware paradigma verandering. Dus kopiërend innoveren is ook mogelijk? Als de ene organisatie zijn verkoopstrategie radicaal aanpast en daardoor een enorme impact op de markt maakt, is dat een succesvolle organisatorische innovatie. Maar voor een andere organisatie is diezelfde verandering niets bijzonders, omdat ze zo al jaren werken. Dus in zekere zin is innovatie nog een relatief begrip ook. Maar wat het ook zij, technisch of niet technisch, maatschappelijk of organisatorisch, en paradigma verandering of niet, ondernemend of niet ondernemend, innovaties komen nog steeds maar weinig voor. En waarom is dat?

Innoveren is moeilijk en eng. Vergt enorme durf en ondernemerschap en dat is nu eenmaal schaars goed.

Zoals in het voorwoord al aangehaald, worden managers van organisaties in toenemende mate beperkt in hun handelen door allerlei goedbedoelde regels. Regels van integriteit, regels van Tabaksblat, Sarbanes-Oxley en anderen. Regels die bedoeld zijn om ervoor te waken dat oplichters er met het geld van de aandeelhouders vandoor kunnen gaan. Maar diezelfde regels beperken de toch al meestal niet zo ondernemende managers enorm in hun behoefte aan innovatie.

Want praten over innovatie, en schrijven over innovatie zoals ik hier doe, is reuze leuk en makkelijk. Onlangs schreef een Nederlandse hoogleraar terecht dat de claim van vele overheidsfunctionarissen dat Nederland toch wel erg innovatief land is, volkomen ridicuul is. Als je op microschaal om je heen kijkt, geef ik grif toe dat er her en der best wel ondernemend en innovatief gedacht wordt. Maar laten we wel wezen, als we daar op internationale schaal naar kijken is het natuurlijk helemaal niks. Dus tevreden zijn op ons microniveau is levensgevaarlijk. Waar zijn de semi-megalomane innovatieve ideeën als die van de VOC uit de Gouden Eeuw gebleven?

Innovatie vergt durf en vergt bovendien stakeholders die die durf aanmoedigen. Dus aandeelhouders die niet de nadruk leggen op regels en controle, maar die gaan voor de voorspoed op lange termijn. Wacht eens even? Zou het niet zo kunnen zijn dat de stakeholders van een organisatie er eigenlijk niet voor gaan, terwijl de bestuurders het veel lekkerder vinden om zich te wentelen in de veilige, warme sferen van controle? Of gaat dat te ver?

Steek er geld in

Ik ben van mening dat een inspirerende leidende manager met een visie op de toekomst elke stakeholder van zijn bedrijf of organisatie kan overtuigen van het belang van forse investeringen in vernieuwing. Ik ben ervan overtuigd dat een dergelijk leider zelfs zijn aandeelhouders kan overtuigen dat het goed is om een jaar verlies te accepteren opdat de toekomst er dan beter uit ziet. Mits het verhaal eerlijk en authentiek is en mits de visie klopt en inspireert. Kijk, daar vraag je nogal wat. Alle termen die in dit boek aan de orde komen, spelen hier een rol. Inspirerend, authentiek, visionair, overtuigend, energiek en innoverend komen hier samen. Want innoveren is niet zo moeilijk als de randvoorwaarden maar fors zijn. Ruim aangezet met een enorme mogelijkheid tot falen. Relatief forse budgetten, binnen een sterke visie, risico's accepterend en aanmoedigend om te kunnen falen. Dat is wat. Zeker voor risicomijdende managers is dat een nachtmerrie. Het is dus simpel, maar het moet ook echt doorleefd worden door de managers. Anders gebeurt er gewoon niets. Of er is een enorm landelijk innovatief programma voor 80 miljoen euro. Alsof je een kind een dubbeltje geeft om een nieuwe fiets te kopen. Daar schieten we international dus niets mee op.

Mislukken mag

Innovatie vind je soms op de meest onverdachte plekken. Zo gaf ik in Frankrijk ooit eens een lezing aan een groep van veertig Nederlandse topmanagers. Ik was daar nogal stellig, en wellicht te stellig, in mijn me-

ning dat de meeste Nederlandse managers niet innoveerden. Maar daar raakte ik wel erg de pijnlijke snaar van een paar managers. Waaronder de topman van een grote zuivelorganisatie. Terug in Nederland nodigde hij me uit om dan maar eens bij hen naar de innovatieprogramma's te komen kijken. In een aparte loods werden de meest innovatieve zaken ontwikkeld. Met de mogelijkheid om te falen, maar uiteraard de wens om te slagen. Maar mislukken werd getolereerd. En de topman zelf zat er bovenop. Had een buitengewoon grote belangstelling voor die vernieuwingen. Omdat hij wist dat daar, en alleen daar, de echte toekomst van het bedrijf lag.

Want hoeveel bedrijven worden niet geleid door financial engineers die denken dat een bedrijf groeit door overnames. Dat is natuurlijk slechts schijngroei. Echte groei en bloei kan alleen door als organisatie voldoende in te spelen op de zich flitsend snel ontwikkelende markt… met nieuwe producten en diensten, met innovatie dus.

Een overheidsorganisatie verraste me onlangs ook behoorlijk door hun sterk innovatieve karakter. De topman van het betreffende bedrijf richtte volgens zijn zeggen elk jaar een heel klein nieuw initiatief op dat vervolgens in een apart pand werd geplaatst. Met een klein budget en een duidelijk doel. Opvallend was dat die innovatieve 'offspring' expliciet toestemming kreeg om de eigen bestaande moederorganisatie aan te vallen. Kannibalisme was dus toegestaan. Dat veroorzaakte natuurlijk veel paniek in de eigen organisatie, maar elke poging om die innovatieve dochter te belemmeren om de markt van de moeder te betreden werden geduldig geblokkeerd door de leider. Die leider bezocht zelfs in hoogsteigen persoon elke dag het kantoor van de innovatieve dochter. Een verbazingwekkend voorbeeld vanuit een overheidsorganisatie. Die overigens inmiddels door dat sterke innovatieve karakter erg succesvol is op internationale schaal.

Maar die kleine leuke succesvolle innovatieve voorbeelden wegen niet op tegen het enorme gebrek aan innovatie dat bij de meeste organisaties aanwezig is. En bij het gebrek aan innovatieve cultuur dat in Nederland aanwezig is.

Straal het uit

Elke zichzelf respecterende onderneming hanteert het woord innovatie. Maar als je echt in detail gaat kijken wat daar dan aan gedaan wordt, en bovendien goed kijkt naar de verhouding waarin de investeringen in innovatie staan tot de totale omzet, valt onmiddellijk op dat er in veel gevallen sprake is van schaamlappen. Dat er geen sprake is van een innovatieve cultuur, maar dat er keurig wordt voldaan aan de schijnbare noodzaak tot innoveren. Dat klinkt wellicht wat cynisch, maar het is ook gewoon niet goed genoeg. Innovatie bedrijven in een niet-innovatieve cultuur is schier onmogelijk. Dus je kunt wel een Afdeling Innovatie oprichten, maar als je niet de omgeving creëert waarin die afdeling past, werkt het niet. Bedrijven die op lange termijn willen blijven groeien en willen overleven, moeten ervoor zorgen dat de totale cultuur innovatie uitstraalt. Dat op elke plek vernieuwing wordt aangemoedigd, dat falen niet onmiddellijk wordt afgestraft, dat op ideeën wordt gereageerd op een opbouwende manier. En niet op een ambtelijk en risicomijdende manier waardoor de medewerkers het wel uit hun hoofd laten om nog eens een idee te lanceren.

Een bedrijf dat innovatie omarmt, wordt ook gelijk een leuker bedrijf. Omdat een innovatieve cultuur creativiteit vergt, ondernemerschap verlangt en energie geeft. Overigens, een maatschappij die innovatie omarmt wordt dus ook veel leuker. Sprankelender en inspirerender. Zou het zo zijn dat Nederland door nu echt eens grootschalig te gaan investeren in innovatie een leuker land wordt om in te leven? Zeker, kijk maar naar dat kleine Dubai. Daar wordt voor vele tientallen miljarden geïnvesteerd in allerlei projecten die allemaal een droom nastreven. Dus eerst was er de droom en de visie, daarna de plannen en het geld. Wetende dat Nederland vele malen rijker is dan Dubai, moet het hier toch ook mogelijk zijn om ongecompliceerd grootse ambities te kunnen creëren? Ambities zoals de Deltawerken...

Om dus echt tot innovatie te kunnen komen, zijn een hoop elementen nodig; de visie, de droom, de ambitie spelen daarin een belangrijke rol. En de vrijheid die we geven om te kunnen falen, waardoor we toch wel enkele controles wegnemen. En dat moeten we durven. Maar het is wel moeilijk. Zo moeilijk, dat er vaak meer sprake is van een innovatiemythe dan van echte innovatie.

Ondernemen

Durven en doorzetten

Er wordt regelmatig aan mij gevraagd wat de belangrijkste karaktereigenschap van een ondernemer is. En zoals veel boeken schrijven, ben ook ik altijd geneigd te zeggen dat het DOEN centraal staat bij elke ondernemer. Maar ik denk dat eigenlijk alleen ondernemers weten dat er een andere eigenschap is die nog veel belangrijker is en veel crucialer in hun succes. En dat is DOORZETTEN.

Jaren geleden ben ik begonnen met het noemen van de vijf D's in mijn presentaties. De D's van Dromen, Denken, Durven, Doen en Doorzetten. Iedereen kent ze. Hoe leuk is het niet om tijdens een borrel of feestje allerlei plannen met elkaar te delen over dingen die je wilt doen. Boeken schrijven, een huis bouwen in Frankrijk, een kasteel opknappen, een bedrijf in cosmetica beginnen of een groot golftoernooi opzetten. En zo zijn er natuurlijk nog miljoenen dingen te bedenken die leuk zijn om te gaan doen. En waar je met vrienden uren over kunt filosoferen voordat je begint. Dat stadium van Dromen is ontzettend leuk. Vooral als je dat ook nog eens doet in de omgeving waarin je droom zou moeten gaan plaatsvinden. Bijvoorbeeld tijdens je vakantie kijken in de etalage van makelaars is al een, zij het klein, begin van een droom. Om dan door de deur naar binnen te gaan en een gesprek met de makelaar te beginnen is voor de meesten al een brug te ver. En om dan samen met die makelaar naar huizen te gaan kijken, is voor de meesten ondenkbaar. Toch is het leuk om je droom op zo'n eenvoudige manier eens een stap verder te brengen. Om te kijken hoe dat voelt.

Wat is de volgorde?

Je kunt ook naar een notaris gaan en een BV oprichten. Waarmee je dan later dat gedroomde bedrijf kunt starten. Dan neem je toch weer een stap. Maar na het Dromen komt het Denken. Over alle consequenties. Terwijl ik het zo op zit te schrijven en nog eens nadenk over de volgorde, bedenk ik me ineens dat je waarschijnlijk beter eerst kunt Durven en daarna pas Denken. Want het goed doordenken van een Droom brengt vaak zoveel leeuwen en beren op de weg dat je er niet meer aan begint. Want raar maar waar, de meeste mensen zijn veel beter in het bedenken van de problemen dan van de kansen. Hoe zou dat komen? Ik denk doordat we niet meer zo goed in staat zijn om te spelen. Een kind dat van Lego een kasteel bouwt, voelt zich al snel een echte ridder. En voelt zich ook 'echt' een ridder. En dat kunnen wij niet zo goed meer. Als wij een Droom hebben om een cosmeticabedrijf op te gaan zetten dat wereldwijd opereert, dan is het Dromen daarover erg leuk. Maar zodra we alles gaan doordenken, komen we op een serie door onszelf en door anderen opgeworpen problemen waardoor we er geen heil meer in zien. Laten we de Durf-fase nu eens eerst gaan doen. Dus even niet Denken, maar gewoon beginnen. Met wat dan ook. Ik denk soms dat het voor een ongeoefende ondernemer niet zo heel veel uitmaakt waarmee hij of zij begint. Je hebt je Droom, en hopelijk is dat echt je Droom. Is het een enorm sterk gevoel, dat je soms al jaren onderdrukt hebt, maar waarmee je toch wilt beginnen. Misschien denk je al jaren stiekem over het beginnen van een bloemenzaak, maar blokkeer je dat door het zelf opwerpen van allerlei financiële problemen, hypotheek die betaald moet worden, angst je huidige baan op te zeggen en ga zo maar door.

Dus je begint nooit?

Durf heb je nodig om die eerste fase door te gaan. Misschien is het niet zo'n gek idee om eerst maar eens te Durven. Dus neem een stap. Ga bijvoorbeeld eens serieus met de gemeente praten over de vergunningen die je nodig hebt om bloemen te mogen verkopen. Richt je bedrijf op, maak een logo, zeg je baan op. Doe iets waardoor je jezelf een beetje voor het blok zet. Neem de eerste stap. Zoals je als bungy-jumper letterlijk en figuurlijk een stap neemt en dan niet meer terug kunt. Je valt en dat is niet meer te stuiten.

Door een eerste stap te nemen, zet je vaak een mechanisme in werking dat niet meer omkeerbaar is. Dan moet je wel gaan. Denken komt daarna. Ik pleit er hier niet voor om ondoordacht te gaan ondernemen. De ervaren ondernemer weet wel beter. Maar die is vaak al een of meer keren die, altijd weer moeilijke, fase doorgegaan die ligt tussen idee/droom en realisatie. De in mijn ogen magische fase die de Droom scheidt van de werkelijkheid. Soms is de Droom zo mooi dat je veel liever in die fase wilt blijven zitten. En daarom blijven de meesten, misschien wel 99% van de Dromen, in die fase steken. Want het is de leukste, veiligste en meest onschuldige fase. Je kunt niet winnen of verliezen. Sterker, als je echt veel droomt win je ook nog vaak. Althans, in je dromen.

Ervaren ondernemers Denken al vaak snel daarna en zetten in hun hoofd, of soms op papier in een businessplan, hun Dromen om in echte plannen. Want zij laten zich niet zo makkelijk uit het veld slaan door de beruchte leeuwen en beren. Overigens, ondernemers hebben eigenlijk lak aan leeuwen en beren. Ondernemers zijn vaak zo optimistisch of opportunistisch, dat ze weigeren die leeuwen en beren onder ogen te zien. Die lossen ze wel op als ze ze tegenkomen. Want 'een mens lijdt het meest van het lijden dat men vreest', zei mijn oma altijd. Er zijn ontelbare problemen te bedenken die zich wellicht wel nooit voor gaan doen. Of problemen die je niet kunt bedenken, die zich wel voor gaan doen. Laat het maar gebeuren.

Dus ik pleit hier voor het Durven in plaats van het Denken. Durf eerst. Neem een stap en kijk wat er gebeurt. Met je omgeving en met jezelf. Maak een proefproduct en ga gesprekken met mogelijke klanten aan. Want de meeste kennis haal je altijd, bij elke Droom die je in de praktijk wilt brengen, uit de reacties van de markt. En omdat dat zo eng en vaak nieuw is, gebeurt het veel te weinig.

Net echt

Droom er stevig op los. Maar trek direct daarna de stoute schoenen aan en Durf. Neem je Droom onder je arm en ga de boer op. Verzamel reacties. Wees niet bang dat je Droom verguist of verworpen wordt. Bovendien ontstaat er dan weer iets nieuws. En Denken, dat doe je terwijl je, al Durvend, bezig bent. Je bent dus al aan het Doen. Al Doende leer je te ondernemen. Want als je eenmaal zover bent dat je de eerste stappen hebt gezet, dan gaat de bal wel rollen. En dan moet je soms gewoon Doen.

Maar zo mooi als de Droom vaak is, zo hard is de werkelijkheid. Want, waar komen die leeuwen en beren opeens vandaan? En je businessplan op papier is ook schitterend. Prachtig in hoofdstukken onderverdeeld. Een erg mooie financiële paragraaf, waarmee je goede indruk bij de bankiers hebt achtergelaten. Prachtig ziet het er allemaal uit. Totdat het echt wordt, want dan blijken de mooie plannen vaak toch net iets anders uit te pakken. De klanten hebben meer bedenktijd nodig, de vergunningen komen later af, de proefproducten uit China komen later (of helemaal niet) aan. Duizenden dingen die je niet kon bedenken en die niet in je plannen staan, gebeuren en vragen om een reactie. Je zit al in het stadium van het Doen en dan begint de ellende pas.

En hij ging maar door

De meeste nieuwe ondernemingen stoppen binnen het eerste jaar. Stoppen, gaan failliet, worden opgenomen in een groter geheel. Hoe dan ook, de Droom stopt om een of andere reden. De successen, want die zijn er ook, zijn bijna allemaal bereikt door Doorzetters. Die blijven geloven in de Droom. Die vechten tot het einde. Uitgeput, huilend van vermoeidheid of twijfel, blijven zij toch maar doorgaan. Voor een ervaren manager bijna onbegrijpelijk. Want waarom stop je dan niet gewoon en beperk je de risico's? Waarom zou je nog een extra hypotheek op je huis nemen om net dat laatste bedragje te verwerven? Waarom niet gewoon die onzinnige risico's vermijden en stoppen? Niks extra hypotheek, wat een onzin!

Maar toch, voor een ondernemer die gelooft in de Droom, is Doorzettingsvermogen de meest noodzakelijke eigenschap. Doorgaan, altijd maar doorgaan. Mijn allereerste bedrijf maakte al in het eerste jaar talloze zaken mee, waardoor het normaal gesproken al lang voor het einde van dat eerste jaar had moeten stoppen. Maar door er elke dag wel zestien uur tijd in te investeren, zeven dagen in de week, werden alle problemen opgelost en werkten er aan het einde van het eerste jaar tien mensen. En elk jaar gebeurden er dingen waardoor het normaal gesproken moest stoppen. Hoeveel maanden waren er niet dat er op de twintigste dag nog geen notie was van hoe de salarissen betaald moesten gaan worden. Maar elke maand werden die weer betaald. Want de noodzaak om betalingen te moeten doen, maakt mensen creatief. Dat Doorgaan wordt overigens door talloze deskundigen in de zijlijn van harte afgeraden. Bankiers, goedbedoelende vrienden, accountants en andere adviseurs, zij allen staan vaak als eersten klaar om de risico's te beperken en dus negatief te zijn over doorgaan tot het einde. Overigens wil ik die adviseurs niet allemaal als nutteloze charlatans afschilderen. Het Doorgaan kan ook verkeerd aflopen. En ontaarden in een financieel fiasco.

Maar daar waar een ondernemer doorslaand succesvol is, zie je bijna altijd de fasen van wanhoop waar doorheengegaan moest worden om dat uiteindelijke resultaat te bereiken. In het laatste boek over Steve Jobs staat het moment beschreven dat hij bijna failliet was. Zijn twee bedrijven Next en Pixar waren financieel bijna op een eindpunt gekomen. En ook hijzelf was zo ongeveer door zijn reserves heen. Maar toch, om een of andere reden die ik niet direct uit het boek kon halen, ging hij door. En zijn Doorzettingsvermogen werd beloond. Doorzetten was ook hier dus weer cruciaal, maar had desalniettemin ook kunnen ontaarden in drie faillissementen. Doorzetten, daar draait het om. Doen is makkelijk, Doorzetten maakt het verschil.

Ondernemen is pas eng

Op een vakantie in Nieuw Zeeland sprong een vriend van een brug. Gelukkig aan een draadje, en dat noem je bungy-jumpen. Ik ben ook even op die brug gaan staan om te kijken of ik dat ook zou durven, maar daar is het bij gebleven. Het was vreselijk eng en een heel erg klein plankje van waaraf je moest springen. Na zijn sprong werd hij omringd door de kinderen die erg trots waren en riepen dat dat erg moedig was geweest. Ook vroegen ze waarom ik dat niet durfde. Het antwoord van die vriend vergeet ik niet makkelijk: "Leen doet veel engere dingen, die richt bedrijven op." Ondernemen is pas eng, althans in de ogen van velen.

Wat is ondernemen dan precies en kan iedereen dat? In mijn ogen is de ultieme vorm van ondernemen het starten van een eigen bedrijf, met eigen geld. Dat laatste is wel erg belangrijk, want het echt voelen van het risico dat je loopt als je alles kwijtraakt is een gevoel dat je vaak tot enorme prestaties kan aanzetten. Overigens voelen echte ondernemers dat niet zozeer als een risico, want ze zijn zo vast overtuigd van hun succes dat ze het risico nauwelijks willen zien.

Terug naar de veilige haven

Maar even inzoomen op dat eigen geld, en het belang daarvan. In de dot.com hype werden duizenden bedrijven opgericht met vreemd geld, geld van de investeringsmaatschappijen. Het geld werd naar die bedrijven toegeworpen, in grote hoeveelheden. Het is mijn mening dat veel geld corrumpeert. En dat kon je in die tijden ook heel goed zien. Het gevoel voor proportie verdween en ook de noodzaak om geld te verdienen bij de klant verdween. Moet je nagaan, als je miljoenen op de bankrekening hebt staan en je kunt in een oogwenk nog meer miljoenen krijgen, dan is er nauwelijks meer een gevoel voor urgentie. Urgentie om bij de klant business te gaan doen. Je zag in die periode dan ook vele duizenden zogenaamde ondernemers. Mensen die dachten dat ze ondernemer waren, maar in feite slechts aan het spelen waren met andermans geld. Het gevoel dat dat geld terug moest (en liefst in grotere hoeveelheden) was niet of nauwelijks aanwezig. Dat waren dus geen ondernemers, dat waren echte namaakondernemers. Zodra de bubbel barstte, renden deze ondernemers weer heel hard terug naar de veilige plekken in vast dienstverband. Maar als je goed kijkt, zie je hier en daar de overlevers, de bedrijven die sterker uit die dot.com periode tevoorschijn zijn gekomen en die nu de markt beheersen. Daar zitten dus de echte ondernemers.

Eerst verdienen

Vanuit dat perspectief is ondernemen dus toch wel eng. Nadenken hoe je salarissen kunt betalen over drie dagen bijvoorbeeld. Dan zelf maar geen salaris hebben, zodat je de anderen kunt uitbetalen. Bij mijn allereerste bedrijf heb ik zes maanden geen salaris gehad, omdat ik moest bijpassen bij de betaling van de salarissen van mijn tien medewerkers. Daar wilde ik geen onrust creëren, zodat iedereen gewoon doorwerkte. Later heb ik dat wel teruggekregen overigens. Toen er weer goed verdiend werd. Dat niet-ontvangen van salaris, of minder ontvangen, is vaker gebeurd. De regel die ik vaak heb ingevoerd is dat er betaald kon worden als er verdiend werd, wordt niet door iedereen altijd even goed begrepen. Want de meeste mensen zoeken toch zekerheid en dat kun je ze niet kwalijk nemen.

Ondernemers zijn optimisten, dat is zeker. Zij zien kansen die anderen meestal niet opmerken en ze gaan er dan enthousiast mee aan de slag. Het zijn doeners. In de kroeg zie je duizenden 'ondernemers'. Van de 100 ideeën die ontstaan aan de bar, zijn er 90 de andere dag weer vergeten. Met een stuk of tien wordt wel iets gedaan, maar uiteindelijk ontstaan daar misschien vier bedrijfjes uit. Waarvan er dan vervolgens weer twee mislukken. Wat ik daarmee wil zeggen, is dat er een belangrijk verschil is tussen denken en doen. Van de 5 D's (Dromen, Denken, Durven, Doen en Doorzetten) denk ik dat die laatste D weleens de meest belangrijke kan zijn. Want na het opzetten van een bedrijf wordt de ondernemer vaak geconfronteerd met allerlei obstakels, en met tal van ups en downs. Zoals de salarissen die niet betaald kunnen worden, opdrachten die op het laatste moment niet doorgaan, klanten die failliet gaan, medewerkers die weglopen. De diehard-ondernemer blijft geloven in zijn idee en zet door. Zwoegt voort en gooit er alles in wat er in zit.

Doorzetten is dus een heel belangrijk element. Belangrijker nog dan het Doen, waar zoveel boeken over geschreven zijn. Het Doen is de eerste stap, maar die is nog relatief makkelijk. Althans voor ondernemende mensen. Want, toegegeven, het Doen is voor de meeste mensen al een onoverkomelijk obstakel. Ondernemen is optimistisch, soms zelfs opportunistisch, werken aan een droom. Aan een passie. En die passie heeft heel vaak niet in eerste instantie met geld te maken. Want dat is ook nog zoiets aparts; ik ben ervan overtuigd dat de meeste succesvolle ondernemers met hun bedrijf begonnen zijn omdat ze geloofden in hun droom. De droom om een platenzaak op te zetten, de droom om een metaalbedrijf te beginnen, de droom om een pc te maken voor iedereen. Het uitvoeren van die droom en daar een groot succes van maken, is waar het de ondernemer om gaat. En geld is een maatstaf van dat succes. Niet het ultieme doel. Niet de drijvende kracht.

Nog even terugkijkend naar de dot.com-periode en de daarop volgende zeepbel: daar waren heel erg veel namaakondernemers bezig met het najagen van grote vermogens. En wat ze daarvoor moesten doen, was niet zo relevant. Het ging dus niet meer om de droom, maar het ging alleen nog maar om het geld. Ik geloof niet dat je een succesvol ondernemer kunt zijn als je allereerste ambitie is om heel veel geld te verdienen. En pas daarna de droom komt van de op te zetten onderneming. Omgekeerd geloof ik er wel in. Een super idee hebben en daar een enorm succes van maken... waardoor je misschien exhorbitant veel verdient. En dat is toch anders.

Probeer failliet te gaan

Ondernemers nemen risico's. Althans in de ogen van de bank. Als een bank een lening aan een bedrijf verstrekt, doet deze dat het liefst als de onderneming dermate goed draait dat die lening eigenlijk niet nodig is. Vaak zeggen ondernemers dan ook dat 'een bank een paraplu geeft als de zon schijnt'. Overigens voelen banken dat niet zo. Nee, die denken toch echt mee te ondernemen en ook risico's te nemen. Maar laten we zeggen dat het niet de rol van de banken is om te ondernemen. Want tenslotte doen ze dat dan toch met andermans geld, namelijk het geld van de klanten van de banken. En ondernemen met andermans geld is niet zo wenselijk voor de echte ondernemers. Die lenen liever niet.

Maar risico's nemen en weten dat er veel mis kan gaan, is een element dat typisch bij ondernemen hoort. Van de vijftien bedrijven en bedrijfjes die ik heb opgericht, zijn er een paar een groot succes geworden, zijn er een paar middelmatig geslaagd en zijn er een paar misgegaan. Tja, dat kan gebeuren. Wel veel van geleerd.

In de Verenigde Staten wordt het als positief gezien als je weleens een faillissement hebt meegemaakt, terwijl dat in Nederland toch heel anders ligt. En dat is jammer, want het doormaken van een faillissement (of het net voorkomen ervan) is zo buitengewoon leerzaam voor ondernemers dat je het bijna eens een keer zou moeten proberen. Om mee te maken hoe dat voelt en om daardoor sterker te worden bij tegenslagen. Om beter gewapend te zijn en om dus beter te kunnen Doorzetten. Ondernemen, je leert het met vallen en opstaan.

Over eng gesproken, de ondernemer zelf vindt over het algemeen niet dat hij enge dingen doet. Integendeel, de ondernemer gelooft heilig in de droom en ziet het einddoel al helemaal helder voor zich. Gaat daar onvoorwaardelijk op af. Geladen met energie en doorzettingsvermogen. Optimistisch en alle kansen opportunistisch grijpend. Gaat het niet linksom dan wel rechtsom, maar doorgaan zal het. En die energie is tomeloos. In de eerste jaren van mijn allereerste bedrijf werkte ik zeven dagen per week. Jaar in, jaar uit. Zaterdagavond was een vrije avond en zondagavond ook, maar de rest was voor de opbouw van het bedrijf. Waarom? Omdat ik redeneerde dat het enige dat ik gratis had mijn eigen tijd was. Dus ik deed alles zelf. Ik kocht geen marketingkennis in, maar ontwikkelde zelf folders en campagnes. Ik huurde geen boekhouder in, maar deed zelf de boekhouding. Ik had geen verkopers, want ik bezocht zelf alle klanten. Dat alleen maar werken en nooit thuis zijn heeft er overigens wel voor gezorgd dat ik helemaal vervreemdde van mijn familie. Dus de keerzijde was niet prettig. En dat doe ik dus ook niet meer zo. Het zoeken van een balans is dus iets dat je ook moet leren. Door een faillissement te ervaren, in dit geval een scheiding.

Succes delen

Heel wat ondernemers werken zich uit de naad. Maar het is de kunst om dat te doen met het oog voor verhouding. Door in balans te zijn met jezelf en je omgeving. Dan is het succes nog groter, want je kunt het delen met anderen. Die er nog zijn en die je als ondernemer nog steeds in de gaten hebt. Energie is dus een wezenlijke eigenschap van de ondernemer. Die energie die voortkomt uit de passie, uit de droom. Uit jezelf dus. En die energie kun je overbrengen op anderen.

Is ondernemen eng? Nee, ondernemen is juist plezierig. Ondernemen is waanzinnig leuk. Maar als je er in wat meer detail naar kijkt, bevat het talloze elementen die voor velen van ons ook enorm griezelig zijn. Maar dat maakt nu net het verschil tussen ondernemers en niet-ondernemers.

Ondernemen met eigen geld is een beetje als bungy-jumpen zonder elastiek. De ondernemer gelooft gewoon dat hij op een zachte plek zal landen. En als je dat gelooft, is ondernemen niet eng. Maar als je twijfelt aan het landen op een zachte plek, voelt het heel anders. De meeste mensen bungelen het liefst aan een kort, strak elastiekje. Daar is niets mis mee, maar het is wel een andere manier van bungy-jumpen.

De LOL van

ondernemen

Dit wordt een lofzang op ondernemen. Of een Lof der Zotheid? Beschrijven hoe leuk ondernemen kan zijn, is natuurlijk geen kunst. De vrijheid die ondernemen geeft in je hoofd, is fenomenaal. Maar wellicht onbegrijpelijk voor de niet-ondernemers. Ondernemers zijn in de ogen van anderen dan ook van die zotten

Ondernemen is het maken van zelfstandige, onafhankelijke keuzes. Je bepaalt zelf je eigen succes. Hoe vaak wordt niet gezegd dat iedereen de eigen vrijheid heeft om keuzes te maken. Dat is natuurlijk theoretisch volledig waar, maar in werkelijkheid is het iets te eenvoudig om mensen te laten kiezen voor vrijheid, terwijl ze met handen en voeten gebonden zijn aan hun gezin, familie, hypotheek, leningen, noem maar op. Natuurlijk, keuzevrijheid heeft iedereen, maar de omstandigheden zijn bij de meeste mensen zodanig dat ze de keuzes wel willen, maar niet kunnen maken. Misschien is dat bij ondernemers anders. Die zijn nu eenmaal gewend om zelf keuzes te maken. Die zijn gewend dat ze volledig afgerekend worden op slagen en falen. En die accepteren dat.

Toen Escador in het jaar 2000 een bliksemstart maakte en er binnen de kortste keren meer dan 200 medewerkers waren, leken daar in eerste instantie veel ondernemers tussen te zitten. Maar op het moment dat de internetbubbel barstte en het tij begon te keren, gaven heel wat van die medewerkers toch onmiddellijk de schuld aan iedereen behalve zichzelf. En dat vind ik nou net weer geen eigenschap van ondernemers. De upside is van jou, maar ook de downside. Geen gezeur, maar doorwerken. Maar ik zou het over de lol van ondernemen hebben, dus laten we het verder niet over de namaakondernemers hebben.

Dat vrije gevoel

De lol, waar komt die vandaan? Vrijheid en onafhankelijkheid zijn twee belangrijke begrippen. Financieel gewin is er ook eentje, hoewel ik zelf denk dat het financiële element meer een weergave is van de mate van succes die je als ondernemer hebt. Als je ondernemers ziet opgaan in het werken aan hun droom, of dat nou het ontwikkelen van een gebouw is, het opzetten van een camping, een bloemenzaak, of welke onderneming dan ook, het gaat in eerste instantie om de lol en het succes. En daaruit volgt financieel gewin.

Onder het huidige regime zie ik geen mogelijkheden voor voorzitters van beursgenoteerde ondernemingen om erg ondernemend gedrag te vertonen. Ondernemend gedrag houdt altijd risico's in. Risico's, die in de ogen van niet-ondernemers onverantwoord zijn. En aangezien de betreffende voorzitter te maken heeft met een Raad van Bestuur en een Raad van Commissarissen, die allemaal niet uit zijn op persoonlijke claims, zal er te allen tijde een risicomijdende sfeer heersen. Het is echt niet voor niets dat een groot aantal bedrijven de beurs verlaten heeft.

Vrijheid en onafhankelijkheid. De vrijheid om te beslissen dat je een avontuur aangaat. Dat je een bedrag en tijd wilt investeren in iets waar je in gelooft. Zelf heb ik dat, met meer en minder succes, ongeveer vijftien keer gedaan. Geloven in een idee en daar dan een bedrijf van maken. Dat is echt een verslavende bezigheid. Beginnen vanaf niks en de eerste klant scoren. Wat een supergevoel is dat altijd weer. De eerste omzet, blijkbaar geloven anderen ook in je idee. Fantastisch.

Het begin van het einde

Toen mijn eerste bedrijf begon te groeien, dacht ik dat het hoorde om een Raad van Commissarissen te installeren. Maar daarmee perkte ik mijn eigen vrijheid al weer wat in. Er kwam een directie met meer leden, een management team. Dat was de tweede inperking. En tot slot verkochten we het bedrijf en kwam er een aandeelhouder die alles voor het zeggen had. De veelgeroemde vrijheid was bijna volledig verdwenen en dat was dan ook het begin van het einde. Zo heb ik dat vaker gevoeld.

Ondernemen is de ultieme vorm van spelen, denk ik. Zoals Marshall McLuhan stelt: "Where the whole man is involved, there is no work. Work begins with the division of labor." Mensen vragen hoeveel uur per week ik werk. Ik ben dan geneigd te antwoorden dat ik nooit werk. Maar ook het antwoord dat ik altijd werk zou kunnen. Voor mijn gevoel ben ik altijd bezig met iets, met ondernemen. Dat stopt niet als ik in de auto stap op weg naar huis. Dat stopt ook niet in het weekend. Mijn hele leven is doordrenkt van ondernemen, dag en nacht. Gelukkig heeft mijn vrouw dat ook, anders was er echt geen lol in dit ondernemen te beleven. Gaat het soms te ver? Jazeker, ondernemers zijn vaak egoïsten die altijd maar weer, meestal enthousiast, bezig zijn met HUN ideeën. Kinderen schuiven vaak naar een tweede plaats. Maar het bewaken van de balans tussen familie en het ondernemende 'ik' blijft een constante bron van zorg.

Ja, ondernemers zijn egoïsten. Egoïsten, omdat het niet anders kan. Altijd bezig zijn met je bedrijf, met je droom, met je ambitie om de droom waar te maken. Dat maakt egoïstisch. Zeker in de ogen van anderen. Is dat dan lol? Wel voor de ondernemer zelf die daar zijn energie uit haalt, uit die 'drive'. Soms niet voor zijn naasten, die minder aandacht krijgen. Het spelen, een heel leven lang, is fantastisch om te doen. Overigens word je natuurlijk ook weleens gek van je eigen ideeën. Want dat blijft maar doorgaan. Het gaat malen. Want er zijn immers geen belemmeringen, totdat ze er zijn. Je ervaart de belemmeringen en hoeft ze niet noodzakelijkerwijs zelf te gaan bedenken. Dat noem ik gezond opportunisme.

Tegen je verlies

Tot mijn verbazing vertelde iemand me ooit dat opportunisme een woord met een negatieve betekenis was, terwijl ik toch altijd gedacht had dat het beetpakken van de 'opportunities', het grijpen van de kansen, een goede eigenschap is. Ondernemers zien telkens weer nieuwe kansen. Daar waar anderen het al lang op zouden geven, blijven ondernemers gaan, blijven ze doorzetten. Doorzetten tot het einde, dat is ondernemerschap. En daardoor net het succes grijpen, waar anderen dachten dat er geen succes meer te behalen viel. De lol van het spelen is altijd aanwezig. De vrijheid in je hoofd om dingen te bedenken die vaak in eerste instantie fantastisch zijn. Waardoor ondernemers vaak wel fantasten genoemd worden. Ondernemen hoeft natuurlijk niet per se creatief te zijn. Creatief iets nieuws bedenken, betekent niet dat het dan onmiddellijk in een succesvolle onderneming kan worden omgezet. Ondernemers zijn in staat uit nieuwe ideeën de goede en de slechte ideeën te vissen. Om te bepalen welk idee succesvol kan zijn en welk niet. En je vergist je altijd wel eens. Je zit er soms naast. Wie niet tegen zijn verlies kan, moet niet spelen. En ondernemen is spelen, spelen is altijd leuk.

WAAR IS DE MARKT?

De meest bizarre ervaring die ik ooit meemaakte, althans wat ondernemerschap betreft, was die jongen die geld geërfd had en een eigen bedrijf wilde beginnen. Hij had een prachtige naam bedacht met een superlogo, een kantoorpand gezocht, dat ingericht met het mooiste meubilair. De modernste computers en gadgets, alles compleet geïnstalleerd. Ik was jaloers op al die mooie dingen, zeker omdat ik op dat moment een bedrijfje voerde vanaf een klein kaptafeltje in mijn slaapkamer. Alles was bij hem voor elkaar en het bedrijf kon beginnen.

Maar toen ik hem maanden later weer eens sprak, was de toestand van zijn bedrijf nog onveranderd. Had hij dan niks te doen? Op dat moment bleek dat hij nog helemaal geen idee had wat hij zou gaan doen. Alles was geregeld, behalve de markt. Hij had geen klanten. Ik moet toegeven dat ook ik even verblind was geweest door de fraaiheid en franje die al geregeld was. En dat ik in mijn blindheid eigenlijk nooit goed had doorgevraagd wat hij nou precies deed. Hij had het namelijk zo enorm druk... Zoals later bleek met het uitzoeken van de prachtigste meubels, van het meest efficiënte computernetwerk, enzovoort. Maar dat waren eigenlijk de makkelijke zaken. Het moeilijke, de markt, had hij even uitgesteld. Dat was van later zorg. Dat fenomeen, dat uitstellen van die moeilijke markt, kom je vaker tegen. Waarom hebben veel ideeënmakers de neiging om niet de markt op te gaan? Maar wel aan de zijlijn er over te praten, plannen over te maken, financiële vooruitzichten, marketingbrochures? Alles 'over' de markt wordt in gereedheid gebracht, zolang de markt maar niet betreden hoeft te worden...

Leer van de marskramer

Ga naar de eerste de beste marktkoopman en die zal van dit verhaal niets begrijpen. Want die leeft en denkt 'markt'. Die marktkoopman staat midden in de markt. En aan de andere kant is er die ondernemer of manager, die er wel over denkt, maar toch maar steeds die markt niet durft te betreden. Ik denk niet dat de marktkoopman bang is voor zijn markt. Misschien heeft hij weleens geen zin of baalt hij van tegenvallende verkopen. Maar bang voor de markt zal hij niet zijn. Hij weet niet beter. Hij is onderdeel van zijn markt. Ik las dat Hans Breukhoven van de Free Record Shop ook ooit marktkoopman was. Wat een leerschool. Want van marktkraam naar winkel is weliswaar een enorme stap, maar gewapend met de kennis van je markt heb je een enorm voordeel.

Denken vanuit de markt die je kent, geeft een enorm voordeel. Altijd denken vanuit de markt, steeds weer beginnen bij die markt. Daar ligt het succes. Want alle franje om de markt heen is eigenlijk onbelangrijk. Het startpunt is altijd de markt. Niet de kantoren, de brochures, de geschreven plannen, de personeelsplannen en al het andere dat komt kijken bij het voeren van een bedrijf.

En wie heeft er altijd gelijk?

Toen ik een softwarebedrijf leidde in San Francisco, had ik me vanaf het begin gestort op de complete administratieve chaos waarin het bedrijf verkeerde. Het geld vloog eruit en eigenlijk wist niemand precies waarheen. Dat moest en zou gestopt worden. Dat zoeken en ordenen, samen met de beste accountants in Nederland en Amerika, kostte handenvol tijd en geld. En na maanden werken kwam ik op het briljante idee om ook eens een tour te gaan maken langs gebruikers van de software, langs onze klanten. Beetje laat weliswaar, maar beter laat dan nooit. Om te beginnen waren er weinig klanten. En de weinige klanten die we hadden, waren niet bereid veel geld voor ons product te betalen, omdat de concurrentie het inmiddels gratis weggaf in combinatie met de aanschaf van een computer. Lekkere constatering. Het bezoeken van onze klanten en het praten over de producten was voor mij de grootste bron om verder op te sturen. Daar bleek ook waarom we ons geld aan de verkeerde dingen uitgaven. Dat bezoeken van de klanten, het midden in de markt willen staan, is cruciaal. Een van mijn managers vertelde me ooit dat hij het liefst mijn kantoor dicht zou willen timmeren, zodat ik er nooit in zat. Dat ik altijd buiten zou zijn, in de markt. Want daar is het te doen.

Wat zouden we eigenlijk veel kantoren dicht moeten timmeren. Want er moeten mensen de markt ingejaagd worden! Onlangs zijn we een programma begonnen bij een grote Nederlandse multinational. Een programma dat pretendeert te beginnen bij de klant, bij de markt. Moeilijk dat dat is! Denken vanuit de markt is iets dat we vanaf universiteiten en MBA-opleidingen met de paplepel ingegoten krijgen. Waar we oefeningen in doen, waar cases voor geschreven worden. Maar wat bijna altijd gedaan wordt vanuit de veilige school- of bedrijfsomgeving. En waar bijna nooit echte klanten in voorkomen. Want om te denken als de markt moet je er middenin staan. Zoals de marktkoopman.

En dat gebeurt meestal niet. We willen wel denken vanuit de klanten, maar liever doen we dat marktdenken vanuit de veilige bedrijfsomgeving. Begrijp je het probleem? Denken vanuit de markt, maar niet in die markt zitten. Niet de echte markt voelen en toch vanuit die markt willen denken. Dat is het allergrootste probleem dat heerst bij bedrijven die niet meer kunnen groeien.

Je staat er al tussen

Om te denken als de markt moet je midden in die markt staan. En niet met slimme adviseurs en slimme medewerkers van alles over die markt bedenken. Het is heel erg makkelijk om jezelf voor de gek te houden en te stellen dat je toch wel degelijk klanten aan het raadplegen bent. Maar ik ken maar bar weinig programma's die echt vanuit de markt opgezet zijn.

Je ziet door de bomen het bos niet meer. Waar is die markt? Waar is onze markt nou? Ja hoor, je staat er middenin, maar je ziet hem niet meer. Managementgoeroe Tom Peters werd ooit gevraagd om een strategieprogramma voor Volkswagen op te zetten. In zijn eerste gesprek met de Raad van Bestuur van Volkswagen stelde hij een belangrijke vraag: "Wie van u heeft ooit aan een echte klant een Volkswagen verkocht?" Doodse stilte. Geen der leden van de Raad van Bestuur had dat ooit gedaan. "Dan kom ik pas weer bij u terug als u allen tenminste één auto verkocht heeft. Hartelijke groet."

Zo moet dat ongeveer gegaan zijn. Tja, de markt. Hoeveel managers hebben ooit zelf ervaren hoe het is om een product of dienst zelf te verkopen? Wat de tegenwerpingen van de klant zijn, hoe moeilijk het is om te verkopen... Je hoort toch weleens zeggen 'helaas hebben we ook nog klanten'. Vaak natuurlijk als grapje, maar de serieuze ondertoon moet niet onderschat worden. Klanten zijn natuurlijk lastpakken, als je het niet leuk vindt. Marktkooplui op de vismarkt in Seattle (uit 'Fish Tales' zie ook pagina 102) maken van hun verkoop een circus. Erg leuk om te zien hoe dat gaat. Genieten van het midden in de markt staan. Dat kan natuurlijk ook. En akkoord, niet iedereen vindt het leuk om te verkopen. Maar daaraan toegeven is te makkelijk.

Ik ben de markt

Zo zei de financiële baas van een bedrijf me onlangs dat hij toch niet mee zou hoeven te doen in een marktgeoriënteerd programma. Want hij had nu eenmaal niets met klanten te maken. Nee, hij stuurde alleen maar de rekeningen en hij had hooguit van doen met klachten over die rekeningen. Maar hij had niets met de klanten te maken. Begrijpt u? Als organisatie heb je, al ga je op je kop staan, altijd met klanten te maken. In een eenmanszaak is die ene man of vrouw de 'klos'. In een tweemanszaak kun je de taken nog verdelen, maar heb je toch allebei altijd met klanten te maken. En in een bedrijf van tweehonderdduizend medewerkers heb je... inderdaad, heb je tweehonderdduizend mensen die met de markt te maken hebben. Zo is dat en zo zal het altijd zijn.

En waar is de markt dan? Overal, want wij zijn de markt. Wij denken en voelen de markt, wij dromen de markt. Want de markt en wij, dat is hetzelfde. Pas dan kan een bedrijf goed werken aan zijn toekomst.

Klanten, die

zijn er ook nog

In de periode waarin ik dit boek aan het schrijven was realiseerde ik me op een gegeven moment, liggend op mijn bed, dat ik een essentieel aspect aan het vergeten was. De klant.

Hoe vaak gebeurt het niet dat organisaties enorm druk bezig zijn in hei-sessies, met hele dialogen over klanten. Dat ze bezig zijn met diepgaande adviestrajecten en imposante planningsessies over klanten. Over klanten, over klanten, maar zelden met klanten. Waarom is dat? Op de vraag welk percentage van de tijd een CEO van een organisatie besteedt aan het bezoeken van klanten, wordt vaak met een beschamend laag percentage geantwoord. Als je er goed over nadenkt, realiseer je je dat er veel meer over klanten wordt gepraat dan met klanten. Want dat is moeilijk.

Stop ze in je computer

Siebel Systems introduceerde jaren geleden een nieuw systeem in de geautomatiseerde wereld, namelijk Customer Relationship Management (CRM). Door het implementeren van deze doordachte systemen zou het probleem van klantencontact en klantmanagement worden opgelost. En in rap tempo werden in de jaren na de introductie door Siebel vele duizenden systemen gevuld met klantgegevens van allerlei aard. In de veronderstelling dat daarmee het klantcontact weer hersteld zou worden en dat er toch echt goed gewerkt werd aan het bedienen van die klant.

In mijn visie is dat een van de belangrijkste denkfouten van de afgelopen jaren geweest. Toegegeven, als je heel erg veel klanten hebt, is een systeem waarin je informatie over die klanten opslaat wel handig. Maar denken dat het klantcontact verbetert met de invoering van CRM-systemen is toch een ernstige misvatting. Volgens mij hebben veel organisaties met de invoering van CRM hun geweten gesust dat hen vertelde dat de klant vergeten werd. Dat ze de klant aan het verliezen waren. Ook daarbij wordt dus weer veel over de klant gedacht en wordt heel veel over de klant vastgelegd, maar weer niet met de klant.

Ik bezocht ooit het hoofdkantoor van Siebel in Silicon Valley. Opvallend was dat daar direct naast de hoofdingang een plaats gereserveerd was voor de 'Employee of the Month'. Wij kwamen daar als grote klant aan en konden niet dichtbij de voordeur parkeren. Alle plaatsen waren bezet, behalve die van de Employee of the Month. Die was blijkbaar die dag afwezig. Aangezien wij onszelf vanwege onze enorme bijdrage aan de

Siebel-omzet beschouwden als 'Customer of the Month', parkeerden wij op die plek de auto. Na ons bezoek keerden wij terug op de parkeerplaats, alwaar een woedende man ons toesprak. Hij, de medewerker-van-de-maand, hoorde daar te staan. En wie wij dan wel waren. Het antwoord daarop was voor deze gelauwerde medewerker onthutsend. "We are your customer, and we pay your salary", reageerden we en lieten hem verbijsterd achter. Het incident maakte voor mij veel duidelijk over Siebel: veel praten over de klant, maar in essentie geen belangstelling voor hem hebben.

Een klant van vlees en bloed

De Klant. Veel organisaties zien hem als een abstract begrip. Een verzameling profielen. Dat is makkelijker, zeker als je je verschuilt achter het feit dat je toch niet al die tienduizenden klanten persoonlijk kunt ontmoeten. En maar klagen over het gebrek aan loyaliteit. Klanten, die weten en voelen dat er geen echte belangstelling voor hen bestaat, hebben ook geen echte belangstelling voor hun leveranciers.

Ze bestaan nog wel, de bedrijfjes die echt praten met hun klanten, die hun klanten echt kennen. De kleine slagers bijvoorbeeld. Die bovendien vaak iets duurder zijn dan de supermarkten. En dus over een veel grotere loyaliteit beschikken. Zet daar een telecomgigant tegenover. Daar gaan de discussies over klantloyaliteit en het verloop van de klanten. En gaan de discussies over het probleem dat er alleen nog maar op prijs geconcurreerd kan worden. Maar dat is toch ook logisch als de klant verder niets heeft om uit te kiezen! Als het voor de leverancier niet uitmaakt wie de klant is, dan maakt het voor de klant niet uit wie de leverancier is. En daar kan geen CRM-systeem iets aan helpen.

Langzaam, beetje bij beetje, zie je in weer een toenemende belangstelling ontstaan voor het echte werken 'met' de klant. Het herstellen van plaatsen waar de klant daadwerkelijk geraakt wordt. Na de grootscheepse afbouw van het aantal bankkantoren, winkels, service desks etcetera, komt nu weer een beweging op gang die gebaseerd is op het fysieke contact met de klant. De klant voelen en zien, zodat emotie en energie kan worden overgebracht, is een sleutel in de oplossing van het loyaliteitsprobleem. Want niets menselijks is die klant vreemd.

Brrrrrr, een afnemer

Vanwaar toch die aversie tegen het werken met de klant? Ik denk dat één van de redenen daarvoor is het bestaan van angst voor de klant. En daarnaast hebben veel medewerkers van bedrijven het niet in zich, of vinden het gewoonweg niet leuk, om met klanten om te gaan. En er is een grote groep die het wel in zich heeft om met klanten om te gaan, maar dat nog nooit ontdekt hebben. Dat is misschien nog wel de grootste groep.

Onlangs besprak ik met de verkoopdirecteur van een groot bedrijf een nieuw klantprogramma, waarin wij voorstelden dat de meer technisch georiënteerde medewerkers klanten zouden gaan bezoeken. Zijn eerste reactie was frappant: "Dat gaat een hoop omzet kosten." Hij bedoelde dat serieus met een humoristische ondertoon. Maar wat hij zei is een alom aanwezig opvatting dat klanten benaderd moeten worden door commerciële mensen, als je ze iets wilt verkopen. Terwijl het daarnaast ook alom bekend is dat een klant veel liever de mening hoort van iemand die ergens verstand van heeft dan de gladde verkooppraatjes. Zo durf ik de stelling aan dat de wasmachinemonteur, die dagelijks klanten ontmoet, natuurlijk veel beter voorbereid is om een nieuwe wasmachine te verkopen dan de verkoper in de winkel. Degenen met de meest geloofwaardige praktijkervaring is de beste verkoper. Zo hoorde ik over een orkestmusicus, die parttime als verkoper bij een groot muziekinstrumentenbedrijf werkt. Waarom? Omdat klanten iemand met zijn ervaring pas serieus nemen als verkoper.

Ik praat over de keuze van een nieuwe auto ook veel liever met een vriend die verstand van auto's heeft dan met een beroepsbabbelaar in een showroom. Waarom nemen we al die lessen dan niet serieus als we nadenken over het benaderen van de klant?

Wat gaat er mis?

Ik neem wat zaken bij de kop die belemmerend zijn voor het creëren van klantcontact. Te beginnen met de angst voor de klant. Een klant kan 'nee' zeggen als we iets te verkopen hebben. Dat is een enorm grote vrees, die vele verkopers verstijfd achter hun bureau laat zitten. En die angst voor een negatief antwoord, leidt tot allerlei drogredenen om die klant maar niet onder ogen hoeven te komen. Het is tenslotte veel veiliger om op kantoor te werken aan brieven, mailings, folders en verkoopplannen dan om bij die klant aan te bellen voor een persoonlijk gesprek.

Naast de angst om 'nee' te horen, is er de angst voor klachten. Elke klant klaagt over de problemen die niet worden opgelost, klaagt over producten, klaagt over alles. Althans, dat geloven sommigen. De angst slaat hen om het hart. Maar een klant die klaagt, is een klant die wil. Een klant die verkoopsignalen afgeeft. Met die klagende klant ben je in gesprek en die klagende klant wil wat. Het biedt dus een enorme kans.

Ik organiseerde eens een conferentie voor mijn klanten. Dat leverde wat geld op en was bovendien goede marketing. Betaalde marketing, als het ware. De conferentie werd druk bezocht en leek een groot succes te zijn. Maar de dag na de conferentie kwam er een fax (e-mail bestond toen nog niet) binnen van een zeer ontdane klant. Hij had nog nooit zo'n slechte conferentie meegemaakt, vond het zonde van zijn dag en gaf aan dat hij de factuur voor de conferentie zeker niet zou gaan betalen. Mij bekroop onmiddellijk een grote woede en ik begon ijverig een kwade reactie te schrijven. Ik zou hem weleens eventjes leren, die achterlijke klant. Maar na een paar zinnen besloot ik dit toch maar eens anders aan te gaan pakken. Ik begon met de zin 'Ik daag u uit'. Ik daagde de klant uit tot het volgende. Speciaal voor hem zou ik een nieuwe conferentie van een halve dag organiseren, bij ons op kantoor, waarbij we speciaal voor hem de inhoud van het programma eens zouden herhalen. Als hij dan nog van mening was dat wij hem niets te bieden hadden, hoefde hij de factuur niet te betalen. Maar als hij dan tevreden was, moest hij de factuur van de conferentie wel betalen. Hup, weg met de fax. Nog geen uur later ratelde er een nieuwe fax binnen van de klant. Hij was verrast, en klonk een beetje verheugd, en hij accepteerde de uitdaging. Enkele weken later kwam hij naar ons kantoor, beleefde de middag en werd uiteindelijk een van onze grootste klanten.

Een klagende klant wil iets, heeft daar goed over nagedacht, maar is teleurgesteld. Hij heeft energie, passie, maar een negatieve. Die omdraaien is veel makkelijker dan die opwekken. Dus een kwade teleurgestelde klant is een enorme kans.

Wat zal ik zeggen...

Naast de grote angsten 'nee' en 'klacht' is er ook de algemene angst niet te weten wat je moet zeggen tegen de klant. Deze angst is veel groter, heb ik in de loop der jaren ontdekt, dan je zou verwachten. Deze angst hangt nauw samen met de verkeerde idee dat inhoudelijke mensen slechter

geëquipeerd zijn om met klanten te praten dan verkopers. Een gesprek met een klant is nog veel makkelijker als je geleerd hebt om te luisteren. De klant praat graag als je de juiste vragen stelt. Als je ongebruikelijke en onverwachte vragen stelt. Luister en laat de klant praten. Dat is makkelijker en wordt bovendien door de klant als veel leuker ervaren. En uit wat de klant vertelt, is meestal simpel af te leiden wat hij wil.

Daarnaast zijn er nog allerlei andere redenen waarom het directe contact met de klant wordt geschuwd. Geen tijd hebben is wellicht de meest gehoorde argument. Met name grote organisaties leiden aan deze ziekte. Hoe hoger in de organisatiestructuur, hoe minder tijd voor de klant. Beledigend gewoon!

Klanten gaan altijd voor, altijd, altijd. Makkelijker gezegd dan gedaan, want er zijn vaak veel belangrijker zaken zoals reorganisaties, werkbesprekingen, managementoverleg of heidesessies, trainingen en seminars die klantcontact in de weg staan. Want dat is toch allemaal veel belangrijker dan die klant, waar we ons geld mee verdienen. Net zoals die 'employee of the month' bij Siebel zijn klant vergeten was, is dat op grote schaal het geval bij veel organisaties. Extern gaat altijd voor intern, zou een gouden regel moeten zijn. Voor een klant heb je altijd tijd. En wel nu, en niet morgen. Waar ligt de kern van het probleem. Vaak bij het management dat de voorbeeldfunctie te vervullen heeft. Als te pas en te onpas managers en medewerkers worden opgeroepen tot het bijwonen van ingelaste vergaderingen, halen van deadlines en invullen van CRM-systemen, dan komt de echte klant op de laatste plaats.

Vandaar de titel van dit hoofdstuk. En ook ik betrapte me dus bij het schrijven van dit boek op de fout dat ik het zo druk had met het beschrijven van allerlei leuke onderwerpen dat ik ook die klant even was kwijtgeraakt. Heel even is niet erg, als dat vergeten maar niet te lang duurt.

Natuurlijk vergeten we de klant nooit echt. Het zogenaamde vergeten is meestal een bepaalde angst. Mensen en organisaties verstoppen zich voor hun klanten en worden dan nog banger. Omdat ze niet goed weten wat die klanten doen en willen. En dan heb je ook geen plezierige manier van werken met de klant. Want de klant hoort een belangrijke bron van inspiratie te zijn. Er is niets zo leuk als samen met de klanten nieuwe dingen ontwikkelen. We noemen dat co-creatie. Je zou ook kunnen zeggen: co-creatief ondernemen. Beide partijen inspireren elkaar dan. En je krijgt een ijzersterke band, waar geen verkoopverhalen tegenop kunnen.

Doe mij wat

'new business'

We willen groei. Groei van omzet en groei van winst. Maar het is nou zo jammer dat de afgelopen jaren op grote schaal is gewerkt aan efficiëntieverbetering, kostenbesparing, control, code Tabaksblat en dergelijke. De meeste bedrijven zitten helemaal niet in de sfeer meer van het bouwen van nieuwe business. Ze zitten bijna in de sfeer van behoud en soms zelfs afbouw. Het is zo makkelijk nog niet om die sfeer om te halen en terug te keren naar ondernemerschap.

In mijn tijd als accountant stond me altijd zo tegen dat financiële mensen voornamelijk het verleden keurig in kaart brengen en dat controleren en analyseren. Terwijl je toch eigenlijk met de toekomst bezig wilt en moet zijn. Dat was voor mij overigens de reden om die professie vaarwel te zeggen en met te storten op het bouwen van bedrijven. Let wel, financiële controle is nodig en wenselijk, zolang het maar niet sturend gaat worden in de bedrijfsvoering. En dat is nu net op erg veel plaatsen wel het geval geworden. Verklaarbaar wellicht, maar dodelijk voor het ondernemerschap.

Handel halen

Het gezegde gaat dat managers, als ze willen groeien in winst, de kosten gaan verlagen. Meestal werkt dat wel succesvol in het begin, maar iedereen weet dat dat een eindig proces is. Ondernemers daarentegen gaan, als ze meer winst willen, onmiddellijk denken aan groei in omzet.

Doe mij effe wat nieuwe business. Reden om dit quasi-cynisch te laten klinken, is dat er vaak veel te makkelijk wordt gedacht over de omslag tussen een bedrijf dat jarenlang kosten bespaart heeft (en net ontdekt heeft dat daarmee de grenzen zijn bereikt) en een bedrijf dat werkt aan groeiende omzet. Alleen een bedrijf dat sleurt aan omzetgroei heeft een kans om te overleven. Bedrijven die denken dat met kostenbesparing en -controle te kunnen bereiken, hebben geen schijn van kans.

Beetje groeimiddel bijgieten

Goed, nieuwe business dus. De omzet moet gaan groeien. Hoe gaan we dat doen? Ik blijf even hameren op die belangrijke cultuuromslag die gemaakt wordt tussen de managende, financieel gerichte stijl en de ondernemende, creatieve stijl. Dat botst met elkaar, en behoorlijk ook.

Het is de bedoeling om creatieve groepen te gaan maken in het bedrijf, uiteraard zonder de financiële kostencontrole los te laten. Want dat zou toch echt te veel gevraagd zijn en bovendien gevaarlijk. Allereerst de mensen die het bedrijf vormen. Die moeten geïnspireerd worden om te gaan nadenken over groeimogelijkheden. Liefst bij bestaande klanten. Maar die medewerkers zijn nu net jarenlang gewezen op kosten en de beheersing daarvan. De spirit en de durf om aan te komen met nieuwe ideeën is weg en komt niet zomaar terug.

Het is van wezenlijk belang dat de top van de organisatie aangeeft, in woord maar vooral in daad, dat men serieus is met de verandering naar groei. Door zelf het voorbeeld te geven. Dat er dus ruimte is voor enige chaos en mislukking. Want toegegeven, winst verhogen door de omzet te laten groeien is veel en veel moeilijker dan de winst te laten stijgen door de kosten te laten dalen.

Mag ik een breekijzer?

Intern en extern. Weer zo'n belangrijk verschil waarvan we de impact heel goed moeten beseffen. Kostenbesparing en -beheersing is altijd een puur intern gericht proces. Lekker binnen de veilige muren van een kantoor praten, praten en nog eens praten, om te komen tot de superplannen die het bedrijf gaan redden. Maar al die acties komen van binnenuit. Inkoop centraliseren, mensen ontslaan om afdelingen efficiënter te maken, facilitaire diensten uitbesteden, lange investeringsbeslissingen en dergelijke zijn allemaal intern gedreven en hebben vaak helemaal niets met extern te maken.

Extern is de markt, daarvoor moet je de deur uit, in je auto en naar de klant. En dat, dat is dus echt moeilijk. Want ook die klant heeft de afgelopen jaren niets anders meegemaakt dan een leverancier die aan het bezuinigen was. En die nu even niet in hem als klant geïnteresseerd was, want intern ging voor extern. De omslag die we willen maken door ons te richten op groei heeft dus, naast de eigen medewerkers, ook een enorm effect op de klant. Er zijn dus al twee kampen die overtuigd moeten worden dat het echt gaat gebeuren. En door aan te kondigen dat 'de klant nu toch echt centraal gaat worden gesteld' is in de ogen van die klant hilarisch. En volkomen ongeloofwaardig. Een leuke, blije klant wil het misschien nog wel geloven, maar wat wil je? Het is dus de taak van de initiators van de ommezwaai van intern naar extern om heel eerlijk de medewerkers en de klanten te laten zien, veel meer dan laten horen, dat er echt iets gaat gebeuren.

Fijn, dan gaan we dus iets doen. Hoepla, daar hebben we dan de ons voor de voeten lopende organisatiestructuur. Want die hebben we de afgelopen jaren superefficiënt dichtgespijkerd, om aan alle *compliance* regels en wetten te voldoen. Ons kan geen fraude meer overkomen. Er is een enorme schijnzekerheid opgebouwd, alle medewerkers hebben integriteitscursussen doorlopen, accountants verdienen zich scheel aan alle controlemiddelen en -activiteiten. Maar het bouwwerk staat. En dan gaan we proberen om medewerkers en klanten met elkaar te laten ondernemen. Om dus af en toe iets te gaan doen dat anders is dan anders. Dat niet past in de bestaande organisatie- of productenstructuur. Dat speelser en creatiever is. Dat sneller reageren op de markt vereist. Waardoor we dus vaak niet kunnen wachten op de 38 handtekeningen die nodig zijn voordat er een voorstel de deur uit kan. Hoe gaan we dat oplossen?

Laat maar zien dan

'Doe mij wat new business' is als titel van dit hoofdstuk expres zo gekozen, omdat het vaak lijkt dat de wens naar groei even makkelijk te beantwoorden is als de vraag om bezuinigingen. En dat is een fundamentele denkfout. Een cultuur scheppen waarin het gewaardeerd wordt om creatief te ondernemen, om af en toe chaos te creëren, om dingen te doen die eigenlijk niet kunnen of mogen, is heel erg moeilijk en vergt zowel moed als tijd. En voorbeelden, voorbeelden, voorbeelden. Ik heb weleens gedacht dat de ommezwaai in cultuur van intern naar extern in eerste instantie een sterk op uitingen gebaseerd proces is. Documenten, voorschriften en instructies helpen niet. Mensen willen bewijzen, mensen willen wat zien. De klant wil zien dat zijn vragen of problemen nu echt direct behandeld worden en medewerkers willen zien dat ze tijd mogen steken in klantgerichte projecten die misschien niet direct wat opleveren. Het echte fysieke zien en voelen is bij de switch van in- naar extern heel erg belangrijk. Geen woorden maar daden. Overigens zijn die daden vaak ook behoorlijk zichtbaar geweest in een intern gerichte cultuur. Dus aan daadkracht ontbreekt het meestal niet. Het lijkt alleen zo onnatuurlijk om de financieel georiënteerde topmanager die net klaar is met het financiële controlebouwwerk nu ineens een geheel andere boodschap te horen verkondigen. Het kan wel, maar het voelt toch raar. En met in ons achterhoofd alles wat we weten over authenticiteit, over echtheid, heeft een organisatie feilloos door als een boodschap van verandering niet gemeend is. De klanten ook. En dan gaat het dus mis.

Stel, we hebben alles goed en er is goed gecommuniceerd aan klanten en medewerkers en we hebben bovendien hier en daar enige flexibiliteit gebouwd in de organisatiestructuur. Dan kunnen we beginnen met het echt creëren van nieuwe business. Die we overigens ook kunnen kopen (door middel van het overnemen van bedrijven), wat vaak weer wat beter past bij de intern gerichte cultuur. Want na de overname komt de integratie, de besparingen van een fusie etcetera. Dat proces zijn we gewend. Deze groei door koop, en dus niet de autonome of organische groei, lijkt wederom veel makkelijker. Maar de adder die bij die fusies altijd onder het gras zit, is de daadwerkelijke integratie. Niet de financiële en organisatorische integratie, maar de integratie van culturen. Veel organisaties die zijn ontstaan door fusie op fusie, blijven een parelketting van culturen. Kan best nog een behoorlijke waarde hebben voor de aandeelhouders natuurlijk, maar is niet noodzakelijkerwijs leuk voor de medewerkers. Maar niet getreurd, er bestaan ook heel succesvolle groeimodellen door overnames, zoals bijvoorbeeld Aalbers Industries bewijst.

Nieuwe business moet altijd klantgericht zijn. En sterker nog, liefst door de klant worden aangestuurd. De klant bepaalt wat hij wil. En wij luisteren. Daar ligt de sleutel. En dit is wederom moeilijk, want intern gedreven organisaties zijn meestal niet zo gewend (of getraind) om te luisteren. De klant geeft automatisch aan wat er moet gebeuren en toont de goede luisteraar vormen van nieuwe business. Om het proces van nieuwe business generatie op gang te brengen zullen we dus het vliegwiel aan de gang moeten brengen. Dat gaat meestal met horten en stoten, met successen en met mislukkingen. Het delen van beiden is belangrijk. Maar ook het tonen dat mislukkingen worden geaccepteerd is belangrijk. De klant uitleggen dat je het niet zo goed weet helpt meestal enorm om die klant te laten meewerken. Want ook de klant wil wel een leukere leverancier hebben die hem echt helpt.

Knuffel je baby

Het is belangrijk dat de eerste door de klanten geïnitieerde projecten die omzet moeten genereren, heel secuur begeleid worden. Zowel aan klantkant als aan de kant van de organisatie die ze uitvoert. Monitoren en overdreven letten op hoe het verloopt. Want het is allemaal nieuw en de eigen organisatie heeft het DNA in zich om de tere, nieuwe projecten enorm te frustreren. Dat moeten we weten, want anders kunnen we dat niet bestrijden.

Langzaam, stapje voor stapje leren lopen. Dat is het proces van creatie van nieuwe business. Van intern gericht zijn naar extern. Van kosten naar omzet. Moeilijk hoor, new business generation.

Co-creatief zijn, dat is: creatief met klanten business development doen. De klant is daarmee de motor van het veranderingsproces, niet de interne blauwdrukken voor verandering. Zo werk je van buiten naar binnen aan de verandering van de organisatie en laat je de klanten hieraan meebouwen. Co-creatief ondernemen. Je wordt bekend voor de klant, transparant en ook: intiem, want de klant voelt zich verbonden. Così, maar dan als: Co-creatief Ondernemen en Sprankelend Innoveren?

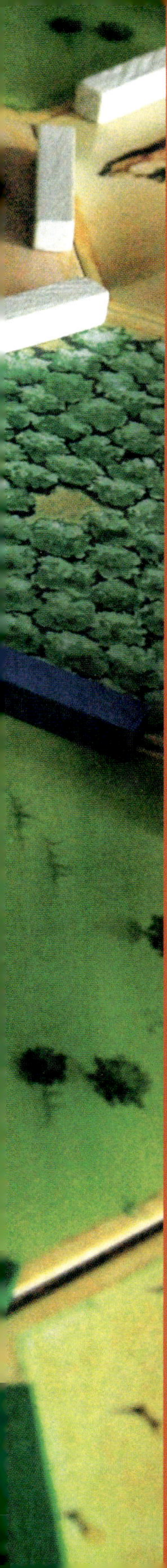

Managers en ondernemers

Wat is daar eigenlijk aan, aan ondernemen? Mijn opa, in mijn ogen een groot ondernemer, adviseerde mij na mijn studie bedrijfseconomie om vooral nooit een eigen bedrijf te gaan beginnen. Maar om juist heel lang in dienst te blijven van Philips, waar ik net was aangenomen. In zijn ogen had ik blijkbaar een enorme prestatie geleverd door daar aangenomen te worden. Maar op dat moment begreep ik zijn advies niet. Want in mijn ogen was het ondernemer zijn het allerhoogst haalbare. Zo gaat het vaak.

Wat is er zo bijzonder aan ondernemen? Hoe komt het dat managers beledigd zijn als ik hen erop wijs dat ze niet ondernemend zijn? Waarom willen ze ook zo graag ondernemer zijn? Is het stoerder om ondernemer te zijn dan manager? Of is het eigenlijk gewoon hetzelfde? Ik dacht het niet. Je hebt overigens wel ondernemende managers, of managende ondernemers. Dat laatste is aanzienlijk moeilijker dan het eerste. Want er blijft een verschil tussen ondernemers en managers. Toen ik mijn allereerste bedrijf begonnen was, werkte daar op een gegeven moment een adjunct-directeur. Hij was aangenomen nadat het bedrijf door zijn eerste jaar gekomen was en een klein beetje stabiliteit vertoonde. Hij gaf zijn baan op en trad bij ons in dienst. Maar ik vergeet nooit de verhitte discussie, zeg maar ruzie, die we hadden over ondernemerschap. Hij vond zichzelf een ondernemer en ik vond hem op z'n hoogst een ondernemende manager. Hij vond dat hij risico's genomen had toen hij in dienst trad, terwijl ik vond dat er toen al lang geen ondernemersrisico meer was. Onbelangrijk zo'n discussie, maar wel typerend. Omdat iemand blijkbaar dolgraag ondernemer wil zijn, maar nog veel meer omdat er zo'n perceptieverschil bestaat over de risico's. Want over die risico's wil ik het nog wel even hebben. Maar eerst wil ik, eerlijk is eerlijk, melden dat de betreffende adjunct-directeur later zijn eigen bedrijf begon. Uiteindelijk toch een ondernemer...

Zoen voor de ambtenaar

Risico's zijn een belangrijk onderdeel van het leven van de ondernemer. Maar risico's zijn relatief. Wat de één een enorm risico vindt, is in de ogen van de ander onbelangrijk. De een doet allerlei diepgravende marktonderzoeken voordat hij een product introduceert, de ander doet het op buikgevoel. Veel sneller dus, maar ook met een kans op falen. Overigens bieden marktonderzoeken vaak een soort van schijnzekerheid.

Mijn eerste bedrijf Bolesian hield zich bezig met kunstmatige intelligentie, ook wel AI genoemd (Artificial Intelligence). We begonnen met een eenvoudig businessplan in 1986 en wilden voordat we echt startten eerst wat geld ophalen. Iets in de orde van honderdduizend gulden. Daarvoor gingen we op bezoek bij een aantal venture capital maatschappijen. Die bestonden toen eigenlijk nog niet in Nederland, maar er was wel een aantal bedrijven die semi-bankierend af en toe risicokapitaal verschaften. Althans, zo lang er maar geen risico aan zat.

Overal liepen de gesprekken vast, omdat we niet aan de hand van een gedegen marktstudie konden aantonen hoe groot de markt was die we wilden gaan bewerken. Het probleem was nu net dat er nog geen markt was. Maar dat die er in onze ogen wel zou gaan komen (wat later ook uit bleek te komen). Het feit dat we zeiden dat er nog geen markt was, maakte het risico in de ogen van de bankiers ondraaglijk. En het was dus absoluut onmogelijk om geld te krijgen. Uiteindelijk geloofde een ambtenaar van de Gemeente Helmond ons en ontvingen we 20.000 gulden om twee computers aan te schaffen. Hij geloofde ons, en geloofde bovendien dat we ondernemers waren. Het bedrijf werd in Helmond gevestigd, hetgeen die 20.000 gulden tot een goede investering maakte. Uiteindelijk werd Bolesian onderdeel van Cap Gemini en werkten er vele tientallen medewerkers.

Risico. Ondernemen is daar bijna synoniem aan. Zeker in de beleving van niet-ondernemers. Managers proberen veel meer de risico's te mijden. Of binnen de perken te houden.

Gezocht: lefgozers

Let wel, ik ben een groot fan van goede managers. Voor mij ruimen die de rommel op die ik in hun ogen maak. De chaos die ik in hun ogen creëer. De chaos die de ondernemers creëren. De oprichter van SNT, Tobias Walraven, is in mijn ogen een groot ondernemer. Altijd op zoek naar mogelijkheden om de omzet te vergroten. Daarbij trekt hij ten strijde tegen elk probleem dat zich voordoet. Dat is wat ondernemers doen, omzet en groei makend in omgevingen waar anderen zelfs geen greintje omzet zien. En groei is essentieel voor elk bedrijf. Daar waar capabele managers de winst laten stijgen door de kosten te laten dalen, laten ondernemers de winst stijgen door de omzet te laten toenemen. En laten we daar voor eens en voor altijd heel duidelijk over zijn: omzet laten groeien is moeilijk. Met name in een stagnerende markt. Dat vergt durf, inzicht, kortom ondernemerschap. En dat is weinigen gegeven.

Vaak wordt gesteld dat ondernemers niet te vinden zijn binnen bedrijven omdat ze daar onvoldoende zouden kunnen ondernemen. Het is iets te makkelijk om dat maar voor waar aan te nemen. Ik ben ervan overtuigd dat een ondernemer niet alleen kan overleven in zijn of haar eigen bedrijf. Ik denk dat er ondernemers bestaan die het wel even uithouden binnen een grotere organisatie. Maar een echte ondernemer zie ik niet zijn hele arbeidzame leven bij een multinational als bijvoorbeeld IBM werken. Hoogstens een ondernemende manager houdt dat vol.

Karakteristieke ondernemerseigenschappen als opportunisme, durf, risico's nemen, investeren met eigen geld en zelf de revenuen van dat durven ontvangen, zijn nauwelijks in te vullen door grote, geordende bedrijven. Ook al zie je voorbeelden van grote bedrijven die hun best doen om ondernemers aan te trekken of te behouden. Intrapreneurship werd dat in de tachtiger jaren genoemd. Het ondernemen binnen een organisatie. Maar het probleem dat ik daar altijd mee gehad heb, is dat diezelfde grote organisaties dan enorme moeite hadden met de te nemen risico's. Bovendien was het altijd erg moeilijk om de betreffende ondernemers te laten genieten van de winsten van hun handelen. Kortom, het was altijd een beetje gehandicapt ondernemen. Het was een soort 'vadertje en moedertje spelen', het was niet realistisch.

Ondernemers nemen soms onverantwoorde risico's, althans in de ogen van anderen. Meestal niet in hun eigen ogen, want zij zien waar het heen moet gaan. Maar die onverantwoorde risico's zijn vaak niet acceptabel voor de grote bedrijven die intrapreneurship propageren. Toen Bolesian verkocht was aan Cap Gemini, hadden we een klein dochterbedrijfje in Boston. Daar werkte anderhalve man en een paardenkop, maar het was wel winstgevend. Op enig moment kwam de baas van Cap Gemini naar me toe met de opdracht om dat kleine dochtertje in Boston maar te gaan sluiten. Op mijn vraag waarom dat dan moest, antwoordde hij: "Daarom, en ik ben hier de baas." Het risico was blijkbaar te groot. Ik heb de vestiging gesloten en daarna mijn ontslag ingediend. Mijn ondernemerschap werd op dat moment te veel beperkt.

De gouden combinatie?

Ondernemerschap en managen zijn twee rollen die fundamenteel van elkaar verschillen. Maar die toch naast elkaar nodig zijn. Het zijn bovendien botsende rollen. Ondernemers zijn vaak eenlingen, egoïsten, drammers, dictators, fantasten, dromers en vechters, terwijl managers veel meer teamspelers, organisators, planners, realisten en risicobeheersers zijn. Maar krachtige ondernemers en hoogstaande managers hebben ook wel een en ander gemeen. Ze kunnen allebei inspireren, ze kunnen leiden, ze vechten en als het goed is hebben ze beiden hetzelfde doel voor ogen. Het kan dus wel goed samengaan. Maar vaak botst het of gaat het uiteindelijk botsen. Daarom zie je bij veel bedrijven en organisaties meestal niet beide typen aan de top staan. De ondernemer en de manager, het blijven twee moeilijk verenigbare menssoorten. Maar je hebt ze allebei nodig. Want je wilt toch wel groeien en tegelijkertijd de boel beheersen. Wat mij dan wel verbaast, is dat de bedrijven die te maken hebben met stagnerende omzetten niet veel meer ondernemers inzetten in de strijd om meer omzet. In mijn ogen wordt veel en veel te weinig gebruik gemaakt van de aparte karaktereigenschappen van de ondernemer. Het aantrekken van ondernemers, die vervolgens zowel fysiek als organisatorisch apart zetten in een bedrijf, gebeurt niet of nauwelijks. Hoeveel bedrijven ploeteren niet met stagnerende markten? Ze proberen dat te verdoezelen door een superieure kostenbeheersing, waardoor de winsten toch op peil blijven. Maar durven het niet aan om beperkte risico's te nemen aan de grenzen van de eigen organisatie. Of laten nieuwe initiatieven die omzet moeten opleveren over aan managers die toevallig beschikbaar waren. En dan vaak beschikbaar waren omdat ze nu eenmaal niet de besten waren. Weinigen durven hun toppers in te zetten voor sterk risicodragende projecten. Ik zet die groeiprojecten niet voor niets aan de grenzen van de eigen organisatie. Of zelfs ernaast. Of helemaal erbuiten. Dat laatste is nog wel het meest veilig. Met dan wel de toestemming dat de omzet van de 'moeder' dan wel volledig gekannibaliseerd mag worden. Alles mag in de strijd en zoektocht naar meer omzet.

Op het randje

Nee, deze vorm van inzet van ondernemers zie je nauwelijks. Neem Cisco, dat jarenlang een enorme groei doormaakte door bedrijfje na bedrijf te kopen. In feite vond de meeste ondernemerschap plaats buiten Cisco. En op het moment dat de nieuwe technologie tot wasdom kwam en nuttig werd voor Cisco, werd een overname gedaan. Ondernemerschap werd gekocht. Hoe lang de leiders van de overgenomen bedrijven het uithielden binnen de corporate cultuur van Cisco weet ik niet. Maar het is een manier. Zo heeft TNT een fonds waarmee investeringen worden gedaan in zowel in- als externe initiatieven, die wellicht later substantieel kunnen gaan bijdragen aan het bedrijf. Logispring heet dat fonds. Ondernemers worden daarmee voornamelijk buiten of aan de grens van de onderneming geplaatst. Daar waar ze nog kunnen floreren. Waar ze nog creatief kunnen zijn en nog risico's kunnen nemen. Wordt

het wat, dan neemt de grote investeerder TNT het over; zoniet dan is het jammer, of het wordt afgestoten. Ook een manier. Toegegeven, zelfs zo'n fonds is een risico, maar beheersbaar.

Ooit wilde de Nederlandse overheid zelf een ondernemersfonds stichten. Sterker nog, het gebeurde nog ook, en de naam was Twinning. Een fantastisch initiatief. In een tamelijk lachwekkend rapport kwam later, bij het einde van Twinning, naar voren dat er toch wel iets te ondernemend was opgetreden door de organisatie en haar management. Er was teveel

risico gelopen, het was allemaal niet ordelijk genoeg gegaan. En de opbrengsten waren niet meetbaar genoeg. De waanzin ten top om zoiets te stellen van een ondernemend initiatief dat geacht wordt juist risico's te nemen. Ziehier de strijd tussen de managers en de ondernemers. De een vindt iets een risico en de ander vindt het saai. Laten we die kloof niet proberen te overbruggen, maar laten we gebruik maken van beide vaardigheden, om zodoende in Nederland weer eens te komen tot wat groei. Leve de ondernemer... en de manager.

Sprankelen

Business Dialogues

Hoe kan een bedrijf stappen maken die het laten sprankelen? Elke situatie is anders, maar toch zijn er wel degelijk stappen te definiëren waarmee een organisatie sprankelend kan worden. Om te beginnen, en dat is een gouden regel, moet in alles de klant centraal staan. Dat is makkelijker gezegd dan gedaan, want alhoewel de meeste medewerkers van een organisatie wel kunnen bedenken hoe ze de klant centraal kunnen zetten, is het feit dat ze daar zelf over gaan nadenken al in tegenstelling met het gewenste doel. De klant centraal stellen in alles wat we doen, gaat bijna zover dat we de klant in alles moeten raadplegen. Want nadenken over hoe we de klant centraal stellen, stelt de klant al niet centraal. Om echt de klant centraal te stellen, zullen we de klant fysiek moeten raadplegen over hoe hij centraal gesteld wil worden. Pas daarna kunnen we als organisatie gaan nadenken over onze inrichting. Maar dat is zo vreselijk ingewikkeld.

Echt zien en voelen wie de klant is en wat die wil. Maar er zijn ook gevallen waarin mensen nooit een klant zien. Dus als je nooit een klant ziet, moet je er toch op uit. Neem een willekeurige overheidsorganisatie als Rijkswaterstaat. Zouden die medewerkers vaak een klant zien? Nou, afgezien van het feit dat de medewerkers zelf allemaal klant zijn, is er geen goed mechanisme om de gebruikers van weg- en waterwegen efficiënt te laten communiceren met hun leverancier. En alhoewel elke Nederlander klant is en medewerkers van Rijkswaterstaat altijd hun klanten om zich heen hebben, zien ze die klanten eigenlijk maar weinig. En ook TPG Post, die bijna alle Nederlanders als klant heeft, heeft geen efficiënt instrumentarium om al haar klanten makkelijk te woord te staan. Communiceer je met TPG Post via je postbode? Nee toch. Maar hoe dan wel? Dus het makkelijk kunnen definiëren van je klanten betekent nog niet automatisch dat je met hen kunt communiceren. Laat staan dat je de klant echt centraal kunt stellen in je doen en laten.

Geen verhaal, geen klant

En wat is dan precies dat centraal stellen van de klant? Betekent dat bijvoorbeeld dat KPN aan haar klanten moet gaan vragen wat ze precies willen. Welnu, lage tarieven misschien? Nee, het centraal stellen van de klanten ligt genuanceerder. De klant moet het gevoel hebben serieus genomen te worden, en dat is moeilijk. De klant moet middels eerlijke prikkels een gevoel ontwikkelen voor de leverancier. Waardoor die leverancier een positie verwerft bij de klant. Een positie die op net iets meer gebaseerd is dan prijs en product. De klant zoekt dus een verhaal en een gevoel. Zoals gezegd zullen die organisaties die geen 'verhaal' hebben op de lange termijn niet overleven. En dat geldt echt voor alle producten. Als een vuilophaler de 'oud-brood'-container bij een bakker ophaalt en daarna keurig even de broodresten die rondom die container lagen opveegt, is dat een onbetaalbare geste. Die wordt opgemerkt door de klant en belangrijk gevonden wordt. Waardoor onmiddellijk de dienst van een commodity verschuift naar een onderscheidende dienst, waarvoor die klant bereid is net iets meer te betalen. Of de postbode die net iets attenter en vriendelijker is, waardoor hij of zij een klein beetje een band opbouwt met de ontvanger van de post. Leuker voor de klant, maar bovendien leuker voor de postbode.

Toegegeven, het werken met hele grote groepen consumenten is fundamenteel anders dan het werken met relatief kleinere groepen zakelijke klanten. Er zijn in Nederland erg veel bedrijven die grote groepen zakelijke klanten hebben. Soms wel tienduizenden, of honderdduizenden zakelijke klanten. En vaak geldt voor die bedrijven de zogenaamde tachtig-twintig regel. Dat wil zeggen dat circa twintig procent van de klanten tachtig procent van de omzet maakt. Dus zou je zeggen dat die organisaties zich concentreren op hun twintig procent grootste klanten. En die door en door kennen. En dat is vaak nou net niet zo.

Wat willen we weten...

Kennen en kennen zijn twee dingen. Weten wat er bij je grootste klanten gebeurt en weten wat er in de hoofden van hun bestuurders omgaat, dat is iets heel anders. Lezen en horen wat er bij je belangrijkste klanten gebeurt (en dat vastleggen in klantenrapporten en -plannen) gebeurt overal. Soms zelfs heel deskundig en gedetailleerd. Maar echt weten wat er bij je meest gewaardeerde klanten speelt, is een heel ander verhaal. Hoe komt dat? Plannen die over klanten gemaakt worden gaan vaak uit van de diensten en producten die een organisatie kan leveren. Dus de klantplannen van een telecomleverancier gaan uit van de mogelijkheid om die telecomdiensten en -producten te leveren. En die plannen gaan meestal niet uit van de wensen en ambities van de klant. Veel plannen gaan uit van wat de klant nu al aanschaft en niet van de potentie.

Omdat het toch vaak de bestuurders zijn die het beleid uiteindelijk bepalen, is het wezenlijk om erachter te komen wat de dromen en ambities van je klant zijn. En die dromen en ambities staan meestal niet in de klantplannen vermeld, omdat diezelfde klanten met hun intieme gedachten niet te koop lopen. Om allerlei redenen overigens, want sommige organisaties kunnen zich dat vanwege beursregels zelfs helemaal niet permitteren. Dus het omgaan met je grootste klanten is veel moeilijker dan zo op het eerste gezicht lijkt.

Maar het leuke is dat mensen graag praten over hun dromen en ambities, alhoewel hen daar meestal niet naar gevraagd wordt. Dus als een klant zich op zijn gemak voelt, zal hij tamelijk makkelijk iets meer vertellen over de echte drijfveren van zijn organisatie. Business Dialogues zijn een machtig middel om een superband te scheppen met je grootste klanten. Business Dialogues zijn niet zomaar gesprekken met een klant. Nee, het zijn zeer zorgvuldig uitgestippelde en geënsceneerde bijeenkomsten tussen leverancier en klant, waarbij van elke partij drie tot vier mensen aanwezig zijn. In totaal circa acht personen die werkelijk de wens hebben om met elkaar hun dromen en ambities te delen. En dat kan onmogelijk onvoorbereid gebeuren. Dat vergt voorafgaand aan de dialoog een aantal diepte-interviews, waarbij in een-op-een gesprekken wordt afgetast wat er nu echt speelt. Op zoek naar authenticiteit dus. En het zoeken naar authenticiteit gaat nu eenmaal niet zo snel. Daar moet je voor gaan zitten. Maar stel je toch eens voor dat je bij zowel klant als leverancier in staat bent om door te dringen tot de essentie. En dat je vervolgens na een bijeenkomst van een (halve) dag die essentie met elkaar kunt delen. Dan creëer je niet alleen een echte band, maar ligt het voor de hand dat je ook tot grote zaken komt. Grootse zaken, want je hebt het over die dingen waar het echt over gaat. Het gaat niet over het simpel leveren van de diensten en producten die je al van elkaar kent, maar het gaat over het echt tot elkaar komen.

Zoeken naar essentie

Dit soort van goed voorbereide Business Dialogues komen in Nederland maar heel zelden voor. Waarom? Omdat dat erg veel tijd kost. Het kost tijd en energie om je fundamenteel te verdiepen in je klant. Maar als je weet wie jouw twintig procent klanten zijn die je tachtig procent van je omzet leveren, dan loont het zeker de moeite om daar dergelijke gesprekken mee te voeren. In de afgelopen jaren heb ik met ongeveer honderdvijftig van de grootste Nederlandse bedrijven Business Dialogues gevoerd. Dat was een waanzinnige ervaring. Want voorafgaand aan die honderdvijftig gesprekken moesten, ter voorbereiding, zeker vijfhonderd diepte-interviews gehouden worden om uit te vinden waar de essentie lag bij de deelnemers. En een ding is zeker, noch in jaarverslagen, noch in andere documenten lag die essentie goed vastgelegd. Daar moest echt naar gezocht worden.

Wat een enorme hoeveelheid energie kwam los in die honderdvijftig Business Dialogues. Want over het algemeen vonden de deelnemers de sessies leuk. Leuk en open, oprecht en authentiek. En dat vinden mensen nu eenmaal prettig. Mensen praten immers graag over hun dromen en ambities en hebben daar sowieso veel te weinig kans en gelegenheid toe. Nemen daar te weinig tijd voor in de drukke agenda's die gestuurd worden door de waan van alledag.

Business Dialogues zijn een ideaal middel voor organisaties om hun grote zakelijke klanten beter te leren kennen. Of beter gezegd, zijn een optimaal instrument om hun klanten te doorgronden. Door open te staan voor de essentie van je klanten en door daar diep op in te gaan, en door zelfs die essentie van je klant te koppelen aan je eigen essentie heb je het ideale middel in handen om je klant centraal te stellen. Je gaat echt uit van de klant. En dat is niet alleen heel erg leuk, het levert ook enorm veel nieuwe business op. En dat is inspirerend, voor zowel klant als leverancier. Het levert sprankelende bijeenkomsten op, die creatief en ondernemend bijdragen aan groei van business. En dat is fundamenteel anders dan het in stand houden van de status quo. Het is samen met de klant werken aan een nieuwe relatie. Die langer standhoudt dan een normale relatie met die klant. En zo moet het! Ofwel cosi, zoals de Italianen zeggen.

CBF

Plezier op het werk

De mens werkt zo'n 75.000 uur gedurende zijn arbeidzame leven. Voor de een zijn dat uren van plicht, voor de ander uren van pret. Het hangt er ook vanaf hoe je naar je werk kijkt. Als een taak die van negen tot vijf vervuld moet worden? Of als een omgeving waar alles aanwezig is om in ieder geval leuke dingen te mogen doen?

Als je werk ziet als een spel en niet als een worsteling, is het eigenlijk geen werk meer. Maar gewoon een prettige tijdsbesteding. En het is niet moeilijk om van je werk spel te maken. Mogelijkheden te over. Bij alles wat je beslist, zou je kunnen nagaan: wat vind ik het leukst. Niet: waarmee verdien ik het meest. Of hoe bereik ik het snelst de top. Koste wat kost najagen van aan jezelf opgelegde, hoogdravende eisen leidt meestal tot teleurstelling. Kies je voor uitdaging en plezier, dan volgen tevredenheid en succes. Stel je als doel om zoveel mogelijk vreugde aan je werk te beleven, dan presteer je het beste. Werkpret put je uit het aangaan van uitdagingen. En de voldoening die het geeft als je doelen bereikt. Persoonlijk en met collega's. En, om niet te vergeten, met klanten.

Zitten in een hokje

Lang geleden zat ik naast een zeer succesvolle marktkoopman in diens grote Mercedes. We reden door Rotterdam en moesten op een bepaald moment stoppen voor een verkeerslicht. De koopman boog zich een beetje voorover en keek door de voorruit schuin naar boven. Plotseling stak hij zijn vinger uit en zei: "Kijk, daar staat een groot kantoorgebouw. Het schijnt dat daar elke ochtend mensen in gaan die er dan om vijf uur weer uitkomen. Ze lezen de krant, drinken koffie en zitten in een hokje." Het licht sprong op groen en we reden verder. De boodschap drong toen niet onmiddellijk tot me door, maar later begon zijn onbegrip bij mij een plaats te krijgen. Want op het moment dat ik bij hem in de auto zat, was het mijn eigen absolute ambitie om ook ooit een functie in zo'n gebouw te gaan bekleden. Pas later zag ik in wat hij op zijn ironische manier eigenlijk bedoelde te zeggen. Allereerst was er natuurlijk de minachting van de koopman voor de 'mannetjes en vrouwtjes' (zoals hij ze noemde) die daar niets zaten te doen. Maar naast die geringschattende basishouding was er zijn observatie dat de vrije jongens, zoals de marktlui, zelf beslissen over wat ze doen en dat veel mensen in dat grote gebouw al lang alle besef over eigen sturing kwijt waren geraakt. Die 'gingen elke dag maar dat pand in'.

Gedenk met weemoed de menigten die elke dag weer met het verstand op nul de file trotseren, om vervolgens een gebouw te betreden waar ze acht lange uren doorbrengen. Zonder zich ooit te realiseren waarom. En of het wel eens helemaal anders zou kunnen. Is dat een elitaire gedachte of zou dit denkbeeld op elk niveau in het werkproces passen? Zouden zowel managers, als monteurs als callcenter-medewerkers die gedachten kunnen of moeten hebben? En als ze die gedachten al hebben, kunnen ze er dan ook wat aan doen? Ik ben ervan overtuigd dat iedereen op elk niveau kan nadenken over de eigen situatie en daar verandering in aanbrengen. En dat het nadenken over 'fun', plezier op je werk dus niet een verhaal voor de bovenlaag is.

Een grappig boek dat ik recentelijk las, gaat over een vismarkt in Seattle en de wijze waarop de visverkopers daar met hun klanten omgaan. Door het persoonlijke contact dat ze leggen met hun klanten, door middel van grapjes en persoonlijke opmerkingen, zijn ze blijkbaar een grote bezienswaardigheid geworden en verkopen ze 'like hell'. Het is daar een compleet spektakelstuk. Overigens zijn naar analogie van die vismarktsuccessen hele managementtheorieën geschreven. Ook het verhaal van 'Fred the mailman' die op zijn eigen wijze de functie van postbode tot een waar spel had gemaakt, sterkt mij in de gedachte dat het creëren van plezier in je werk iets is voor alle lagen van een organisatie. Maar de mythe dat je je eigen situatie nooit kunt veranderen en tot in grote uitzichtloosheid bent overgeleverd aan de grillen van 'de baas' of 'het management', is diepgeworteld in de moderne werknemer.

Ieder voor zich

Maar hoe mensen er ook over denken, iedereen is het er wel over eens dat het hebben van plezier in het werk een groot goed is. Vanwaar dan de angst dat 'fun' slechts geld kost? Af en toe bekruipt mij stiekem het gevoel dat iedereen, en met name managers, intellectueel wel vinden (of moeten vinden) dat plezier in het werk belangrijk is, maar dat daar vervolgens geen consequenties aan verbonden worden. Of af en toe een schaamlapproject, om wat goodwill bij de ondernemingsraad op te bouwen. Medewerkers behandelen hun organisaties zoals ze door hun organisatie behandeld worden. Zo gaat het natuurlijk ook tussen mensen. Onaardige, niet-loyale organisaties krijgen onaardige, niet-loyale medewerkers. Logisch eigenlijk.

In de negentiger jaren gaf ik enkele jaren leiding aan een organisatie in San Francisco. Al snel viel mij het totale gebrek aan loyaliteit van de medewerkers op. Bij de vraag aan mijn teamleden waar dit gebrek vandaan kwam, was het eenvoudige antwoord dat dat zo was omdat organisaties zich toch ook geen enkele rekenschap gaven van medewerkers in slechte tijden. Dus het was 'ieder voor zich en God voor ons allen'. Een grote groep egoïstische werkers, die elke dag konden opzeggen als ze elders een kleine verbetering vonden.

Plezier in je werk (en dat is wat anders dan plezier *op* je werk) kan alleen als vrije mensen de bewuste keuze maken om gezamenlijk iets te doen. Dat is een noodzakelijke, maar nog geen voldoende, voorwaarde voor geïnspireerde medewerkers. Ze *kunnen* geïnspireerd worden, want ze zijn bewust en hebben een positieve keuze gemaakt. Er is visie en leiderschap nodig om inspiratie te laten beklijven en richting te geven.

GELUK EN GELUKKIGE ORGANISATIE

GELUK

en gelukkige organisaties

sprankelen

Ik denk dat ieder mens wel naar geluk streeft, alhoewel dat vaak lastig te definiëren is. Manfred Kets de Vries beschreef in een van zijn boeken een oud Chinees gezegde: "Geluk bestaat uit drie dingen; iemand om van te houden, iets om te doen en iets om op te hopen." Geluk is een moeilijk te beschrijven fenomeen. Voor veel mensen is het zo moeilijk dat ze er maar liever niet over nadenken. Of dat ze er later over willen gaan nadenken.

GELUK EN GELUKKIGE ORGANISATIE

Streven naar geluk wordt vaak ingevuld door het streven naar rijkdom, aanzien of macht. Uiterlijke verschijningsvormen, waarvan verwacht wordt dat ze een geluksgevoel geven. Maar zodra de rijkdom of de machtspositie bereikt is, blijkt dat er een volgende stap nodig is, naar meer. Geluk ligt niet besloten in succes. Geluk heeft geen rijkdom of macht nodig. Het najagen hiervan leidt eerder tot ongelukkig zijn.

En de grote vraag is...

Toch bestaan er talloze organisaties waar mensen beloond worden voor het najagen van deze zogenaamde vormen van geluk. Meer omzet en stijgen op de carrièreladder zijn elementen die de meeste organisaties (misschien onbewust) als belangrijk bestempelen. Het gelukkig zijn als streven vind je eigenlijk nooit op een beoordelingsformulier. De vraag of medewerkers van een organisatie gelukkig zijn, wordt nooit gesteld. Want dat vraagt onmiddellijk om definities. Is het niet zo dat vaak, met als drogreden de moeilijke definitiekwestie, belangrijke vragen niet gesteld worden? Want waarom zou een organisatie aan haar medewerkers niet de vraag kunnen stellen of ze gelukkig zijn. Of dat ze gelukkig zijn binnen de organisatie waarin ze werken.

Ik heb eens een experiment uitgehaald bij een bedrijf waar ongeveer 1200 mensen werkten. Aan het einde van elke dag moesten de mensen hun computer uitschakelen, uitloggen zoals dat heet. Maar voordat het systeem dat toeliet, moesten ze eerst een cijfer geven aan de dag. Was dat een superdag, dan gaven ze een tien. En als de dag echt heel erg slecht was geweest, dan was het cijfer een dikke onvoldoende. Voordat dit systeem kon worden ingevoerd, werden door allerlei human resource medewerkers discussies gevoerd over wat dan precies een goede dag was. Discussies die natuurlijk tot niets leidden. Nee, gewoon heel simpel de vraag stellen 'hoe voel je je aan het einde van de dag', leek te ingewikkeld. Toch maar doorgezet. Het systeem van dagbeoordeling werd een groot succes. Elke ochtend stond er op een scherm bij de ingang van het kantoor te lezen wat het gemiddelde cijfer van de vorige dag was. Toegegeven, de schommelingen van dag op dag waren niet zo veelzeggend, maar de gemiddelde lijn in de cijfers over de jaren heen was wel interessant. Die lijn steeg, de mensen hadden het beter naar hun zin. En met die stijging steeg ook de winstgevendheid van de organisatie. Zou dat wat met elkaar te maken hebben?

Waren de medewerkers van die organisatie nou gelukkig? Zeker, hun gevoel van geluk zal een belangrijk onderdeel geweest zijn van het cijfer dat ze snel en gevoelsmatig elke dag intikten. Zo overleed er bijvoorbeeld een medewerker van het bedrijf en was er een collectief gevoel van verdriet. Het cijfer was die dag erg laag. Maar als de zon scheen, was het cijfer weer wat hoger. Dus allerlei elementen die het menselijk gevoel beïnvloeden, zag je terug in het verloop van de dagcijfers. Het zou te ver gaan om dat een collectief geluksgevoel te noemen, maar het had er wel degelijk mee te maken.

Onlangs hoorde ik dat jonge medewerkers over het algemeen andere zaken nastreven dan de oudere generaties. Bij de ouderen staat financiële onafhankelijkheid en zekerheid vaak nog hoog op de agenda, terwijl bij jongere generaties een gelukkig leven veel belangrijker is. Of lijkt te zijn. Dat is toch wel een belangrijk gegeven als je als manager bezig bent met het motiveren van je team. Neem nou die financiële onafhankelijkheid. Streven naar meer geld lijkt voor velen op het streven naar geluk. Terwijl we allemaal weten dat zodra er veel geld is, het streven naar nog meer de overhand neemt.

Wereldtoppertje

Of streven naar macht. Een zojuist benoemde CEO meldde mij op de vraag waar hij naar streefde dat hij de beste CEO ter wereld wilde worden. Dat zou hem ultiem gelukkig maken. Ik vroeg hem wie dan op dat moment de beste CEO was, met andere woorden, aan wie wilde hij zich spiegelen. Dat bleek Jack Welch te zijn. Toen nog in zijn hoogtijdagen bij General Electric. Op mijn opmerking dat echt niemand Jack Welch kent, reageerde de betreffende topbestuurder onthutst: "Iedereen kent hem". Duidelijk was dat Jack Welch in zijn ogen ongeveer gelijkstond aan God. Maar loop eens een willekeurige supermarkt in en vraag of mensen Jack Welch kennen; je zult onbegrijpend worden aangekeken. Geen beroemdheid. Wat een teleurstelling. Het najagen van een waanbeeld dat tot geluk moet leiden, zorgt voor een leven in de toekomst in plaats van een leven in het nu. Dat is iets dat je overigens nogal eens tegen komt bij managers. De zogenaamde run voorwaarts. Dat lijkt al heel erg op de *rat race*. Die niet leidt tot een evenwichtige manier van managen.

Het nastreven van geluk dat gebaseerd is op successen als geld en macht, leidt vaak tot het stimuleren van anderen om datzelfde te doen.

Het opjagen van organisaties om groter te worden en om nog meer winst te maken, zorgt niet per definitie voor een omgeving waarin anderen hun geluk zullen vinden.

Ongeluk geeft ook energie

Stel: iedereen binnen een organisatie wil graag zo gelukkig mogelijk worden. En elke medewerker weet voor zichzelf precies wat dat geluk dan inhoudt. In dat uiterste geval staan dus de doelen van de organisatie niet in lijn met de doelen van de personen die daar onderdeel van uitmaken. Want die personen zoeken geluk in heel wat anders. Die zoeken naar het geluk in het nu, in hun familie en kinderen, in hun rijk voelen in plaats van rijk zijn en in de kwaliteit van het leven. Zoals Kets de Vries zegt: "Mensen die geluk gelijkschakelen aan succes (rijkdom, positie en macht) zullen nooit voldoende succes hebben om gelukkig te zijn."

Over geluk gesproken, hoe vaak maken mensen niet dingen mee die als een rampspoed worden ervaren, maar die later bestempeld worden als hét keerpunt in hun leven. Een ontslag wordt vaak ervaren als een drama, een ingreep van de boze buitenwereld. Overigens geldt dat gevoel met name bij hen die zich het slachtoffer van hun omgeving voelen. En die zelf niet goed in staat zijn om hun geluk te maken. Het ongeluk, het ontslag, overkomt hen. Ik heb geleerd dat dergelijke drama's soms een blessing in disguise zijn, zoals dat zo mooi heet. Het zijn dus eigenlijk kleine geschenken. Maar ze zijn vermomd, dus op dat moment zie je ze niet. Vaak blijkt later dat bijvoorbeeld dat ontslag leidde tot een veel leukere werkomgeving, een veel betere band met je vrouw en kinderen of zelfs heel wat anders. En dat dus een ongeluk heeft bijgedragen aan je geluk.

Wat betekent dat?

Mensen zijn gelukkig als hun leven een doel heeft, als het zin heeft. Dus authentieke organisaties die streven naar zingeving, geven mensen iets waarmee ze gelukkig kunnen worden. Of waarmee ze hun geluksgevoel kunnen voeden. Alleen bij zingeving en betekenis is geluk mogelijk. De wens van een organisatie om creatief te ondernemen en sprankelend te inspireren zou dus de bijbehorende medewerkers gelukkiger kunnen maken. Maar ook gelukkige medewerkers sprankelen en inspireren.

Spelen maakt mensen gelukkig. Dus het lijkt er sterk op dat creatief ondernemen en sprankelend inspireren leidt tot een omgeving waarin mensen gelukkiger zijn. Een aantrekkelijke omgeving om in te verkeren. En een omgeving om bij te willen zijn, als klant bijvoorbeeld.

We hebben er altijd al aan getwijfeld of geld gelukkig maakt. Maar in organisaties is er veel voor te zeggen dat het andersom is: geluk maakt geld. Daarom geldt 'survival of the happiest' – deze organisaties zijn 'the fittest'. Sprankeling en inspiratie zijn voor de creatieve ondernemer dus minstens zo belangrijk als de *bottom lines*.

GROTE ORGANISATIES

sprankelen

KUNNEN OOK SPRANKELEN

Als je de hoofdstukken hiervoor leest, zou het gevoel je kunnen bekruipen dat grote organisaties log, traag, saai, suf en niet inspirerend zijn. Is dat ook zo? Is het alleen leuk in kleine, flitsende organisaties? Het zou te makkelijk zijn en te stereotiep om dat zo te stellen. Natuurlijk zijn er grote organisaties waar de sfeer vreselijk is en waar werkelijk geen enkel innovatief initiatief wordt genomen. Waar je het gevoel hebt slechts een pietepeuterig onderdeel van het immense geheel te zijn. En waar geen enkele persoonlijke aandacht wordt geschonken. Maar over het algemeen kun je stellen dat grotere organisaties niet voor niets zo groot zijn geworden. En ze meestal ook groot blijven en doorgroeien op basis van capabele mensen en goede producten en diensten. En zorg voor hun mensen...

Onlangs sprak ik met een klant van een groot ex-staatsbedrijf. Hij begon het gesprek met enorm op het management van dat bedrijf af te geven. Er zou geen belangstelling voor klanten zijn, er zou geen ondernemende spirit heersen. Het was allemaal vreselijk slecht geregeld. Maar direct daarna gaf hij aan dat er desondanks capabele managers moesten zitten, omdat het betreffende bedrijf wel goed draaide. Over grote organisaties wordt erg divers gedacht. Zowel goed als slecht, het is maar net aan wie je het vraagt. Vraag je het aan een superondernemer die zijn hele leven al bedrijven opricht en laat groeien, dan hoor je natuurlijk geluiden over stroperigheid en ambtenarij. Maar vraag je aan diezelfde ondernemer wat zijn eigen zorgen zijn, dan hoor je verhalen over tachtigurige werkweken en cashflowproblemen. Kleine, ondernemende bedrijfjes hebben eigenlijk evenveel nadelen als grote ondernemingen. Het is ook nooit goed...

Opa vertelde

Als kind wilde ik altijd een eigen bedrijf hebben. Dat gevoel ontstond eigenlijk al toen ik aan het einde van mijn middelbare school naar de Verenigde Staten ging voor een jaar. En in dat verre land werd die wens nog eens versterkt. Mijn opa, tegen wie ik altijd erg heb opgekeken, had zijn hele leven een eigen bedrijf. Maar tot mijn grote verbazing zei hij me, nadat ik mijn doctoraalexamen bedrijfseconomie had gehaald, dat ik maar vooral bij een groot bedrijf als Philips moest gaan werken. Dan had ik een leuker en veel rustiger leven. Ik ben inderdaad bij Philips gaan werken, maar zijn advies heeft me destijds enorm verbaasd. Hoe kon een doorgewinterde ondernemer als hij anderen het advies geven om maar beter geen eigen baas te worden...

Later, toen ik mijn eerste bedrijf achter de rug had en verkocht, begreep ik dat veel beter. De constante zorgen, de continue werkdruk van een eigen bedrijf kunnen wel eens vermoeiend zijn. Ondernemen is geinig, is vreselijk leuk, is verslavend zelfs. Maar soms zo verslavend dat je 24 uur per dag aan niets anders kunt denken dan aan je bedrijf. Zeven dagen per week, dag in dag uit. En dat is weleens uitputtend en bovendien vervelend voor je partner en je kinderen. En als je niet uitkijkt, ben je die na verloop van tijd nog kwijt ook. Want het vaststellen en vasthouden van de juiste balans is bij het hebben van een eigen bedrijf erg moeilijk. Of je eigen bedrijf nu groot of klein is, het maakt niet uit.

Stel daar dan de echt grote concerns tegenover, de bedrijven als Shell, Philips, Unilever. Wat is daar dan zo anders aan? Daar wordt toch ook heel hard gewerkt en daar moet je toch ook waken om de balans in je leven niet te verliezen? Natuurlijk, maar het zijn van een onderdeel van een heel erg grote organisatie is anders dan het hebben van een (hele grote) organisatie. Het moet voor een persoon als Jan Aalbers van Aalbers Industries toch heel anders voelen om zijn bedrijf te leiden dan voor topman van een energiebedrijf. Voor de een is het van hem, zijn levenswerk, en voor de ander is het een baan. Wat absoluut niet wil zeggen dat de een het beter doet dan de ander. Maar de een is een topmanager en de ander is een ondernemer. Ik ben van mening dat grote organisaties, willen ze groeien en leuk zijn, behoefte hebben aan een ondernemende topmanager. Managers die alleen maar sturen op geld en procedures en daardoor zelfs met een dalende omzet nog een stijgende winst laten zien, zijn op de langere termijn funest voor elke organisatie.

Aan het begin van de eenentwintigste eeuw, de jaren 1999 tot 2002, was er een ware hausse aan nieuwe bedrijfjes. Venture capital kwam overal vandaan en het ene na het andere initiatief ontspon zich. En een feest dat

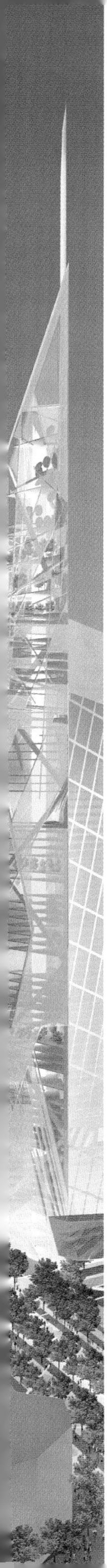

er overal gevierd werd. Niet te geloven. Maar dat bedoel ik nou net niet als ik het over fun heb. Fun en feest is voor mij niet synoniem. De associatie met feesten is hardnekkig, maar fun is plezier hebben in je werk. En plezier hebben in je werk komt niet van feesten. Dat heeft met inhoud te maken, met collega's, met de werkomgeving, met winst maken, met de flow waarin je verkeert. Fun is het belangrijkste element. Want als iemand plezier heeft in zijn of haar werk dan gaat het vanzelf. En dan zijn de resultaten over het algemeen ook goed. Want als de resultaten niet goed zijn, heb je meestal ook niet zoveel plezier in je werk. Zie je, resultaten en ook financiële resultaten, zijn een onderdeel van fun.

Ik zie ze nog voor me, de zogenaamde ondernemers in de dot.com hausse, die overal met andermans geld de bloemetjes buiten gingen zetten. Overigens waren de investeerders, de aandeelhouders, evenzeer schuldig aan de misdragingen als de bestuurders zelf. Want het geld werd echt in een enorm tempo in nieuwe start-ups gepompt. Minder en minder werd er gekeken naar de kwaliteit van de businessplannen. En was dat nou leuk? Al snel werd duidelijk dat de gouden regel van winst maken voor continuïteit toch nog steeds geldig was. Dus de organisaties die door hun geld heen raakten, moesten wanhopig op zoek naar echte klanten. Naar echt geld, en niet naar geleend geld van aandeelhouders. De les die geleerd was was dat het helemaal geen fun was om maar snel veel geld uit te geven aan prachtige reclamecampagnes en feesten. Dat was zelfs frustrerend. De start-ups die die periode overleefden, hebben fun. Hun koersen zijn nog hoger dan destijds en winst maken is pas funny.

Geen kwestie van schaal

Inmiddels is wel duidelijk dat fun niet zozeer gebonden is aan de omvang van een organisatie. Het heeft te maken met de cultuur en ook in nauwe mate met de sfeer die de leider bepaalt. Plezier in je werk, het is de energiebron die je nodig hebt. De een voelt zich op zijn gemak in een grote organisatie, de ander voelt zich daar verloren. Sommigen hebben plezier in een grote organisatie, anderen raken er gedeprimeerd van. Willen geen nummer zijn. Maar als iemand zich een nummer voelt in een organisatie, dan werkt die organisatie dus blijkbaar met nummers. In plaats van met mensen. Overigens ligt de eindverantwoordelijkheid over het hebben van plezier altijd bij jezelf. En nooit bij de organisatie waar je werkt. Altijd, en ik kan dat niet genoeg benadrukken, ben je zelf verantwoordelijk voor je eigen plezier. Want als je het niet naar je zin hebt, dan neem je maatregelen. Je gaat het bijvoorbeeld leuk maken, je gaat ergens anders werken, je stelt je eigen doelen.

Terugkomend op de vraag of grote organisaties ook leuk kunnen zijn, moet je terug naar jezelf. Wat wil jij? Wat is voor jou belangrijk in je leven? Wat maakt jouw leven leuk en de moeite waard? Daar ligt het begin van het antwoord op de vraag. En als je dat antwoord hebt dan kun je pas gaan bewegen in de richting waar dat te vinden is. In een kleine groep met tien collega's of in een internationaal opererende gigant. Toegegeven, het is wellicht moeilijker om in een organisatie met tienduizenden medewerkers oog te hebben voor alle elementen die de fun bepalen, maar het is wel mogelijk. Het is mogelijk om niet alleen maar in ambtelijke regels te vervallen. Regels die elk individualisme wegvagen en die mensen dood maken. Maar ook daar ligt de eindverantwoordelijkheid bij het individu. Let maar eens op en kijk eens naar jezelf. Hoe heb jij je aangepast aan de regels van de organisatie waar je werkt? Ben je kritisch gebleven of ben je je maar gaan aanpassen aan de regels, zonder in de gaten te houden wat je dromen en ambities zijn. Want het sluipt erin, voor je het weet doe je mee aan het circus van interne vergaderingen die heel erg vaak nergens meer over gaan. Of die afgedaan kunnen worden in vijf minuten. Zodat tijd overblijft om leuke en nuttige dingen te gaan doen.

Kijk uit voor wegtrekkers

Toen ik leiding gaf aan Origin realiseerde ik me vaak dat er een onevenredig deel van mijn tijd verloren ging met vergaderingen die niet echt veel toevoegden aan de business of aan het bedrijf. Waardoor je uiteindelijk veel te veel uren gaat maken om toch ook nog 'je echte werk' te kunnen doen. En is dat leuk? Brengt dat je in een flow? Nee, absoluut niet, het trekt de energie uit je lijf. Daar waar leuk werk, leuke collega's, goede resultaten energie geven, haalt de verkeerde werkomgeving energie bij je weg. Dat voel je onmiddellijk, als je er tenminste op let. Want burn-outs en overspannenheid, vaak gebaseerd op het jarenlange wegvloeien van energie, had je kunnen voelen aankomen. Let erop, wees bedacht op het ontbreken van fun. Stop dat gevoel niet weg en doe er iets aan.

Grote ondernemingen kunnen toch leuk zijn. Ze kunnen aandacht hebben voor mensen, resultaatgedreven zijn, stimulerend zijn. Bij kleinere organisaties is het iets makkelijker te sturen of te verbeteren dan bij grote organisaties. Maar beide kunnen het in zich hebben. De fun.

Met enige regelmaat zie ik grote, tamelijk logge bedrijven waar opeens verrassende creativiteit ontstaat. Dat lijkt dan vaak niet bij de betreffende organisatie te horen, maar nader onderzoek leert dat deze initiatieven vaak door een paar medewerkers geïnitieerd worden. Het leuke is dan dat de organisatie de initiatieven toelaat.

Zo heeft de NS het initiatief genomen om een beter contact te gaan leggen met haar zakelijke klanten. Dat lijkt opmerkelijk, aangezien de NS in een situatie zit waarin er geen concurrentie bestaat. Echter, als de NS gezien wordt als een toeleverancier van transport kent het bedrijf wel degelijk vele concurrenten, waaronder de auto. Philippe Smit, Directeur Marketing, Sales en Service van de NS, heeft verschillende soorten ontmoetingen geïnitieerd waarbij de organisatie zichzelf dwingt om op een frisse manier naar de eigen identiteit en uitstraling te kijken.

Survival *of the Happiest*

sprankelen

blije eikels

Zoals Darwin zijn *survival of the fittest* omschreef in 'Origin of Species', is er bij medewerkers van een organisaties heel duidelijk sprake van *survival of the happiest.* Waarom is het toch dat de woorden 'fun', 'spelen', 'creativiteit' en 'blijheid' onmiddellijk door de opmerking 'maar het gaat toch om het geld' worden gevolgd? Zo vaak heb ik meegemaakt dat fun en spelen wel erg gewaardeerd worden, maar onmiddellijk door calvinistisch getinte opmerkingen over geld overvleugeld worden. Is het dan zo dat een leuke, gemotiveerde en blije organisatie automatisch geld of winst oplevert? Nee, maar een organisatie waar geen fun aanwezig is, is de moeite van haar bestaan niet waard.

Mensen besteden een substantieel deel van hun leven aan werken. Op hun werk, zogezegd. En in mijn beleving moet dat de moeite waard zijn. Moet dat eigenlijk net zo leuk zijn als de tijd die mensen doorbrengen naast hun werk. Het is dus een loffelijk streven als organisaties en hun managers heel hoog in hun vaandel hebben staan dat ze zich druk maken over het pleziergehalte van hun medewerkers. Dat is minstens net zo belangrijk als het druk vergaderen over de alom aanwezige kpi's, *key performance indicators.*

Klanten hebben te maken met de medewerkers van het bedrijf. En stel dat die medewerkers nou ook nog eens een beetje zichzelf zijn, lekker in hun vel zitten. Dan maken die mensen op hun klanten een opgewekte indruk als ze het naar hun zin hebben. En ze maken een depressieve indruk op hun klanten als ze gedemotiveerd zijn. En overal wordt de klant tegenwoordig centraal gesteld. Welke klant wil nu te maken hebben met gedemotiveerde, ongeïnteresseerde en ontevreden medewerkers? Tja, klanten zijn net mensen.

Echt wel blij

En dat is maar een aspect van het enorme belang om blije medewerkers te hebben. Want diezelfde medewerkers beïnvloeden ook hun collega's. En die reageren weer net

En wees nu toch eerlijk, wij willen toch diep in ons hart een blije eikel zijn?

als hun klanten. Dus dat schiet lekker op als we elkaar massaal de put in praten. Een financieel manager zei eens tegen me: “Maar we willen hier toch niet een bedrijf met allemaal blije eikels?” Iedereen lachen, want dat was toch wel een grappige opmerking. Het frappante is echter dat we wel degelijk dat bedrijf willen met die blije eikels. Want mensen houden van blije eikels, klanten houden van blije eikels. En wees nu toch eerlijk, wij willen toch diep in ons hart een blije eikel zijn? Want het alternatief, een serieuze, sombere, nooit grapjes makende of lachende eikel wil toch niemand zijn. Daar raak je van in de stress!

Survival of the happiest betekent dat geen mens het volhoudt om dag-in-dag-uit, jaar-in-jaar-uit, te functioneren in een omgeving waar de fun niet centraal staat. Waar het er niet in essentie om gaat dat de medewerkers genieten van hun werk. En dat hoeft natuurlijk niet elk moment van elke dag te zijn. Iedereen weet dat het leven, en dus ook het werk, met ups en downs gepaard gaat. Dat geldt overigens voor elk niveau in de organisatie. Het is een denkfout om te veronderstellen dat het streven naar een blije, motiverende omgeving alleen voor managers is weggelegd. Ik heb veel medewerkers ‘van de vloer’ meegemaakt die van hun taak een feestje maken. Die de beste of leukste postbode willen zijn, die de charmantste en vriendelijkste receptioniste willen zijn. En daar zelf een enorm plezier aan beleven. Hoe ik dat weet? Omdat iedereen erover praat, en deze zogenaamde blije eikels dus een enorme impact hebben op hun organisatie. Iedereen kent ze, want iedereen vindt het leuk.

En nu wordt het leuk

Maar als er niet op gelet wordt dat de survival of the happiest een essentiële succesfactor van elke organisatie is, dan zou je het als management zomaar vergeten. Want het kost wel tijd. En... het kost geld. Jawel, want mensen het gevoel geven dat er om ze gegeven wordt en dat ze blij mogen zijn kost erg veel tijd en geld.

Ik startte een keer een grote reorganisatie. De medewerkers werden bijeen geroepen in de kantine en de reorganisatie werd aangekondigd. Naast reacties als ‘dat is dan de zoveelste reorganisatie’, was er een bedrukte stemming. Terwijl deze reorganisatie nu juist bedoeld was om de spirit op te krikken. De conclusie was dat mensen dat gewoon niet geloven, of niet meer geloven. Vertel als manager maar eens aan je medewerkers dat het nu toch echt leuk gaat worden. Was het dan eerder niet leuk? Mensen geloven dat gewoon niet. Je moet er dus snel bewijzen voor leveren.

Bij de hierboven omschreven reorganisatie begonnen we dan ook met drie simpele zaken: iedereen kreeg vloerbedekking in plaats van deprimerend linoleum, alle kamers werden geverfd en iedere medewerker kreeg een nieuwe PC. De boodschap die daarbij hoorde was dat we daarmee in ieder geval de directe werkomgeving van elke medewerker wat leuker wilden maken. Het was een schot in de roos. Vaak vergeten in reorganisaties is dat plaatjes, nieuwe organisatieschema's, meer of minder mensen en dergelijke nauwelijks of geen directe impact hebben op de werkomgeving. Door fysiek te tonen dat er om elke medewerker werd gegeven, nam het geloof in de rest van de verandering enorm toe en verbeterden de resultaten zich aanzienlijk sneller dan wie dan ook verwacht had. De reorganisatie werd erg snel een groot succes en de bedoelde groei qua winstmarge werd al na een jaar bereikt. Overigens werd in de slogan die voor deze reorganisatie bedacht was daadwerkelijk het woord FUN gebruikt. Werd eerst een beetje argwanend naar gekeken, maar werd uiteindelijk werkelijk beleefd.

Handen af van de lol

Als het om winstverbetering gaat, willen managers als eerste een kostenreducerende strategie toepassen. Omdat die nou eenmaal makkelijker is. En je zult altijd zien dat bij kostenbesparende maatregelen nu juist die bezuinigingen worden doorgevoerd die te maken hebben met die fun. Want, besparen is toch niet leuk! Of, als er ontslagen vallen kunnen we toch geen leuke dingen meer doen. Dat is de sfeer die helaas vaak rondom bezuinigingen hangt. Plezier hebben mag niet meer. Terwijl dat onze grootste productiviteitsfactor is! En overleeft de 'happiest' dan dit soort bezuinigingen? Wel, de talenten verlaten gewoon de tent, want die zoeken zelf wel een omgeving op waarin ze het naar hun zin hebben. Dus die ben je al kwijt. En de medewerkers die niet zo makkelijk weg kunnen blijven wel hun taak uitvoeren, maar niet met veel plezier. En dus met een lagere productiviteit.

Blije eikels, om die eretitel maar te blijven gebruiken, zijn de kurk van elke organisatie. Het liefst zou je er daar heel veel van hebben. Maar je moet ze wel koesteren, want ze zijn kritisch op hun omgeving. En vergeet niet, blije eikels kosten geld! Maar het goede nieuws is dat ze veel en veel meer opleveren. Dus durf het aan om zelf ook een blije eikel te worden. Want ook managers mogen dat zijn.

The House

# of Fun

Ik benadruk dat een oplossing voor een probleem voor een groot deel al gemaakt is door er alleen al veel over te praten. Te praten over de mogelijke oplossing, wel te verstaan. Want zelfs als je de oplossing nog niet weet, is het adresseren van het probleem (het zichtbaar maken van de moeilijkheid) al een enorme stap in de goede richting. Dus als je een dynamisch bedrijf wilt hebben, moet je vooral erg veel tegen elkaar zeggen dat je een dynamisch bedrijf wilt hebben. Als je succes bij je klanten wilt hebben, moet je dat vooral veel tegen elkaar zeggen. Als je blije en gemotiveerde medewerkers wilt hebben, moet je dat vooral veel tegen die medewerkers zeggen. Is dat dan de oplossing? Nee, natuurlijk niet, maar het is een enorme stap op weg in de goede richting.

STIEKEM LIETEN WE IN HET WEEKEND BOVEN DE INGANG IN GROTE KOEIENLETTERS 'HOUSE OF FUN' SCHILDEREN.

Neem het erg leuke en succesvolle bedrijf Pink Elephant, in de jaren negentig. De naam alleen al was inspirerend. Opgericht door en voor studenten van de TH in Delft (toen die nog Technische Hogeschool heette). Dat bedrijf was erg studentikoos, elke vrijdag met elkaar bier drinken in de bar. Veel bier. Gezellig dat het was! Het was echt the place to be, in die tijd, althans als je iets in de automatisering wilde gaan doen. Pink Elephant werd onderdeel van het toenmalige RCC, het oudste automatiseringsbedrijf van Nederland. Voormalige ambtenaren, die echt niet elke vrijdagmiddag met elkaar veel bier gingen drinken. De medewerkers van Pink Elephant waren de jonge helden en de gemiddeld oudere medewerkers van RCC (Rijks Computer Centrum) waren een beetje de sukkels.

Zijn we nog een beetje trots?

Nadat mij gevraagd werd bij RCC een reorganisatie door te voeren om de winstgevendheid terug te brengen, kreeg ik in optima forma te maken met die cultuurverschillen. Hoe maak je RCC weer trots, hoe maak je het dynamisch? Dat was de vraag. Mijn antwoord: door er veel over te praten. Door een slogan te bedenken die luidde 'It's Fun@RCC'. Door expliciet te benoemen wat we wilden, bereikten we al heel snel dat het bedrijf in de goede richting ging bewegen. Door de wens te benoemen, komt het doel al dichterbij. Overigens lieten we die slogan gepaard gaan met een aantal zeer zichtbare daden, zoals totale renovatie van de werkomgeving van alle medewerkers. De gewenste resultaatverbetering liet niet lang op zich wachten.

Het doel expliciet maken. Hoe doe je dat? Door het te benoemen, door er veel over te communiceren en door er zichtbare acties aan te verbinden. Drie heel belangrijke stappen, die je alledrie moet doen. Met name dat laatste element, er concrete acties aan verbinden, ontbreekt vaak. Dat kost geld en lijkt in een periode waarin resultaatverbetering centraal staat vaak niet de goede weg. Maar mensen willen naast woorden ook het gevoel van werkelijke verandering krijgen. Ze willen fysiek iets zien en iets meemaken. Dat stimuleert een groep onmiddellijk tot grote daden. Ik kan me herinneren dat ik een fusie moest leiden tussen twee wat kleinere IT-bedrijven. Een uit De Meern en een uit Amsterdam. Beide bedrijven hielden zich bezig met wat geavanceerdere technologie. Hadden leuke jonge mensen in dienst, maar hadden nog nooit iets echts met elkaar te maken gehad. En nu moesten ze samen. Om te beginnen, kozen we een pand waar ze met z'n allen in moesten. Overigens lijkt dat voor de hand te liggen, maar in erg veel gevallen blijven fusies financiële engineeringacties. Dus het lijkt een fusie, maar aan echte cultuurverandering wordt niets tot weinig gedaan. Voor aandeelhouders lijkt het dan een groter en beter bedrijf te worden, maar zodra je achter de cijfers gaat kijken naar wat er in het echt gebeurt, zie je niets. Er zijn nogal wat beursgenoteerde bedrijven te noemen momenteel waar fusies echt niets meer voorstellen dan de zaak financieel aan elkaar plakken. Met een waarde voor aandeelhouders, maar slechts een financiële. Overigens is dat vaak voldoende, maar echte bedrijven creëer je er niet mee.

Goed, de fusie. Enthousiaste mensen, maar twee culturen. Samenvoegen in Zeist, in een oersaai jaren zeventig pand. Dat zou een domper worden. Stiekem lieten we in een weekend boven de ingang in grote koeienletters 'House of Fun' schilderen. Hiermee wilden we vanaf dag een de toon zetten. Het moest spetteren, het moest spatten, het moest het meest dynamische en vooral leuke bedrijf worden van Nederland. Ook aan de inrichting hadden we stiekem wat met kleuren gedaan. En het werkte, het was het gesprek van de dag. Wat fun, hoe fun, wie ging dat dan doen? Maar ook op straat sprak men er over. Ik zal nooit vergeten dat een onderhuurder van het pand, een verzekeraar, mij onmiddellijk op het matje riep. Het was een grof schandaal, om het pand 'The House of Fun' te noemen. Zij waren toch een serieus bedrijf, wat moesten hun klanten er wel niet van denken? Met het dringende verzoek om de tekst boven de deur acuut te verwijderen. Die discussie met de onderhuurder hielp ons natuurlijk geweldig, vooral toen we die discussie publiek maakten. Waren we nou wel of niet, met z'n allen, een fun bedrijf? En het werkte wederom, er werd veel over gepraat en langzaam maar zeker werden we een erg leuk bedrijf. The House of Fun. De tekst werd na weken verwijderd op 'straffe des doods' van de onderhuurder. Maar het verwijderen is nooit goed gelukt, er bleef altijd een vage tekst staan. Misschien staat die er zelfs nu nog.

HA, HA, HA!!

GENIETEN,

sprankelen

MOEILIJK HOOR!

Van vroeg opstaan ben ik niet zo'n enorme fan. Toen ik nog jaarlijks zeventigduizend kilometer per jaar aflegde met een chauffeur, liet ik diezelfde chauffeur elke ochtend om zeven uur voor mijn deur verschijnen. Als aanmoediging voor mij om vroeg op te staan. Dat hielp wel, want ik vond het zo sneu voor hem om daar te staan dat ik mijn bed wel uitkwam.

In de smulstand

In die tijd was ik de kapitein van een erg groot bedrijf. Dag en nacht en vaak ook in het weekend. Tot op zekere dag een medewerker tegen me zei: "Je moet eens leren genieten". Watte? Je moet eens leren genieten. Of vroeg hij me nou 'geniet je wel genoeg?' Want genieten we wel genoeg van de dingen om ons heen? Terwijl ik erg hard aan het werk was om dit boek af te ronden, zat ik vaak in mijn werkkamer in Frankrijk. Voorovergebogen te typen en af en toe even achterover zittend, peinzend over de tekst. Maar veel te weinig keek ik uit mijn raam. Want daar lag de echte schat. Een uitzicht over verschillende dalen en hellingen, prachtig landschap dat zich in verschillende lagen voor mij ontplooide. Hier en daar een flard mist, rook uit een schoorsteen kronkelend. Uren zou je daar naar kunnen kijken. Genietend van de rust die dat landschap uitstraalt. Als ik maar niet veel te druk was met het typen aan dit boek!

Genieten van wat je hebt, wat dat dan ook is. Of het nu een schelp, een uitzicht, een kind, een bloem, een huis, of wat dan ook is. Genieten is zo vreselijk moeilijk. Het kost tijd om de indrukken op je te laten inwerken, het kost tijd om ergens van te genieten. En die tijd gunnen we onszelf vaak niet. Zo hoorde ik pas weer zo'n prachtig verhaal, overigens waar gebeurd. Een topmanager van een groot Nederlandse bedrijf had uitgeroepen tegen zijn team dat hij nu toch echt 'op zijn hardst' aan het werk was! Hopelijk zie je daar de humor van in.

Hoe kun je toch denken dat je hard werkt, sterker nog, hoe kun je denken dat je op z'n hardst aan het werk bent. Wat is dat? Is dat een gevoel dat je hebt dat je alles geeft. Is er dan nooit een moment dat je denkt dat het ook anders zou kunnen. Dat het anders zou moeten. Dat je door minder hard te werken meer bereikt. Dat je door het genieten van de kleine dingen zoveel positiever gaat denken dat er ineens vanzelf dingen gaan gebeuren. Genieten mag eigenlijk niet, in ons calvinistische land. Jawel, genieten van je kinderen en van je privé-situatie is toegestaan. Maar genieten onder het werk? Even stilzitten, om je heen kijken, en laten doordringen wat er gebeurt, kost toch wel erg veel tijd. We zijn geneigd het genieten maar even uit te stellen. Later, als ik stop met werken, ja dan ga ik echt genieten van mijn oude sportwagen. Ja, mettertijd ga ik echt genieten van mijn huis in Italië. Binnenkort ga ik werkelijk genieten van mijn kleinkinderen, want mijn kinderen ben ik een beetje vergeten. In de toekomst gaan mijn vrouw en ik leuke dingen doen, want daar heb ik nu geen tijd voor. Ja, later gaat het allemaal gebeuren. Druk wordt dat... later.

Genoeg genoten?

Stel je voor dat in de persoonlijke beoordeling van medewerkers er ook een element van genieten meegenomen zou worden. Dat je bij je beoordelingsgesprek te horen krijgt: "Je hebt het dit jaar wel erg goed gedaan. Maar omdat je te weinig genoten hebt, krijg je helaas geen bonus." Hoe klinkt dat, wel contradictioneel, of niet soms? Want van een bonus krijgen kun je ook genieten. Maar dat financiële genieten is echt veel minder dan het genieten dat hier bedoeld wordt. Genieten van het leven, van de momenten, van de mensen om je heen. Niet van dat stomme geld. Hou toch op!

Er moet eerst iets ergs met mensen gebeuren voordat ze zien waarvan ze moeten of kunnen genieten. Eerst is een signaal van buiten nodig, dat er in hakt en daardoor pas echt doorkomt. Een ouder of een geliefde die overlijdt. Een ernstig ziek kind. Waarom is het toch dat mensen niet altijd vanuit zichzelf kunnen leren wat genieten is? Soms zie je bedrijven die geleid worden door energieke leiders die alles goed doen. Maar alleen nog niet kunnen genieten. Ze werken als paarden, zijn intelligent, leuk soms. Maar het relativeringsvermogen is er niet, of nog niet. Jonge zielen noem ik die weleens. Je kunt zien dat ze nog niet veel geleefd hebben. En

voor diegenen die daar in geloven, ze hebben ook nog weinig of geen eerdere levens gehad. Ze zijn jong. Hebben weinig meegemaakt. Ik zag pas een leuk jong meisje, vijf jaar oud. Als je goed keek, kon je onmiddellijk zien dat dat een oude ziel was. Wie weet wie daar allemaal in zat. Ik dacht wel wat mensen te herkennen. Jonge zielen willen wel, maar weten het nog niet. En weten nog niet dat genieten het belangrijkste is.

Genieten in een bedrijf. En dat meenemen in een beoordelingsgesprek. Daar dus een waarde aan toekennen. Dat belangrijk vinden. Expliciet uitspreken dat dat belangrijk gevonden wordt. Is dat hetzelfde als fun, als plezier hebben. Nee, niet helemaal, denk ik. Zoals Matt Weinstein in diens boek 'Managing to have fun' stelt: "Work is not supposed to be fun, that's why it's called work". Een omgeving maken waarin het leuk is om te werken is stellig iets anders dan genieten. Alhoewel het natuurlijk wel met elkaar te maken heeft.

Waar kun je op en tijdens je werk nu van genieten. Laten we eens beginnen te genieten van een succesje. Gebeurt dat normaal gesproken? Wel, meestal gebeurt dat niet en wordt maar aangenomen dat successen normaal zijn. Binnen mijn huidige bedrijf hebben we nu alweer een jaar de term 'een joepie' bedacht. Iedereen die een joepie heeft te melden, mag dat te pas en te onpas aan iedereen doen. Het is zelfs verplicht. Voorheen scoorden we opdrachten, hadden we tevreden klanten (ook weleens minder tevreden overigens) of hadden we een leuke dag. Nooit werd dat met de anderen gedeeld. Waarom niet? Ik denk gewoon omdat we de tijd niet namen om er aandacht aan te besteden. De meeste bedrijven nemen successen maar voor vanzelfsprekend aan. Terwijl het delen

daarvan essentieel is. Daar kun je niet genoeg over praten. Of moeten we soms alleen de problemen met elkaar delen? Want dat is nu vaak het geval. Dan hebben we iets vreselijks als e-mail, waarmee we elkaar op elk moment lastig kunnen vallen met ellende. Vooral zo net voor het weekend.

Fris de week in

Een andere regel die ik heb ingevoerd is dat je nooit op vrijdagmiddag, op een moment dat niemand er meer iets aan kan doen, een ander lastig mag vallen met een vervelend bericht of een probleem-mail. Daar stuur je die ander dan negatief het weekend mee in. Hartelijk dank! Of een sms-je, waarin je een kwalijk bericht achterlaat. Makkelijk, want de ander kan op dat moment niet reageren. Nee, wat dat betreft zijn e-mail en sms dramatische communicatiemiddelen, als je er niet mee weet om te gaan. Uitermate geschikt om het genieten een flinke deuk toe te brengen.

Een weekend genieten geeft veel energie, zodat je de nieuwe week fit kunt beginnen. Dat genieten verpesten, neemt energie weg. Stel, je rijdt vrijdagmiddag in een mooi zonnetje naar huis en je ontvangt nog net een laatste sms-je, waarin je college een joepie meldt van een zojuist getekende mooie opdracht. Fluitend en genietend ga je het weekend in. En zo moet het. Daar moeten we dus op letten en op sturen. Die kleine dingen maken zoveel uit. Maar al te vaak lijkt het alsof dit soort van simpele dingen te klein zijn voor werk, te nietig om op te vallen. Net zoals die bloem, of dat lachende kind. Genieten zit in de details. Die niet opvallen als ze er niet zijn, maar die het verschil maken als ze er wel zijn.

Sprankelen en ontroeren

Tranen in je ogen krijgen. Met een brok in je keel luisteren of kijken. Je wordt geraakt. Ontroering kan op vele momenten en op vele plekken gebeuren. Maar het is altijd bijzonder. En in zekere zin is het fijn.

Neem dan sprankeling. Daar wordt je echt vrolijk en blij van. Het kleurt geel of blauw en het is fris. Het geeft energie, die sprankeling. Tintelend. Sprankeling is ook een woord waar je blij van wordt. Hoe vaak zijn we in onze organisaties geraakt of hoe vaak sprankelt het? De meeste organisaties maken beide fenomenen helaas nooit of zelden mee. Een organisatie die sprankelt. Wat is dat eigenlijk? Een toneelgroep die sprankelt, tja dat gebeurt weleens. Een schitterend toneelstuk waar het publiek blij van wordt. Waar je met vreugde naar kijkt. Of een voetbalteam, sprankelend naar de finale.

Maar wanneer is een organisatie nou werkelijk sprankelend? Kennen we in Nederland echt sprankelende bedrijven? Wel in de ogen van die bedrijven zelf misschien, maar waar het evenzoveel om gaat is dat er ook in de ogen van de klant, van de markt, een sprankeling heerst. De klant moet echt denken dat het leuk is om zaken te doen met een bepaalde organisatie. Apple is in de ogen van heel veel mensen in de hele wereld een sprankelende organisatie. Met producten die stimuleren, producten die sprankelen. Die veel duurder zijn dan vergelijkbare producten, maar die toch verkocht worden. Toen Apple met de nieuwe iPod uitkwam, waren er echt al heel wat mp3-spelers te koop. En het product van Apple was nota bene duurder dan de meeste andere. Toch gingen miljoenen consumenten over tot de aanschaf van dit dure product. Waarom? Nou, nogal wiedes, omdat zowel het bedrijf als het product sprankelt. Daar wil je als consument deel van uitmaken. Daar wil je van mee profiteren. Van die sprankeling althans.

De fonkelende vuilnisman

Een Nederlands sprankelend bedrijf? Misschien TomTom, maar dan zou het zijn omdat het snel groeit en succesvol is. Maar of het echt sprankelend is? Bij kleine bedrijfjes zie je dat veel eerder. Dat mensen sprankelen en dat dus het bedrijfje sprankelt. Daar wil je dan graag zaken mee doen. Overigens zie je natuurlijk wel heel veel mensen die deel uitmaken van organisaties sprankelen. Een postbode, een vuilophaler, een manager, noem maar op. Die individuen kunnen sprankelen en daardoor de organisatie waarvoor ze werken het imago van een sprankelende organisatie geven. Dan zijn het toch ineens vele tienduizenden sprankelende mensen. Dat geeft goede hoop. Waarom gaan we naar het ene restaurant en niet naar het andere? Omdat er bij dat ene restaurant een chef-kok of een gastheer werkt die we graag mogen, die sprankelt.

Maar schitterende organisaties, die zie je niet zoveel. Wel proberen erg veel organisaties middels slimme marketingcampagnes een flitsend imago over te brengen naar de markt. Maar als de markt voelt dat de boodschap niet klopt, is het betreffende bedrijf op z'n minst niet sprankelend meer. Sterker nog, we vinden het dan vaak een zielig bedriegend bedrijf. De markt gelooft de boodschap niet als die niet klopt met wat je erbij voelt. De gedachtenfout die vaak gemaakt wordt is dat een campagne alleen een organisatie sprankelend kan maken. Dan wordt er voor vele miljoenen een campagne gevoerd en daar blijft het dan bij. Zodra de klanten met diezelfde organisatie te maken hebben, merken ze onmiddellijk dat er qua sfeer niets veranderd is. De mensen waarmee zij te maken hebben, zijn nog steeds even vervelend. Kortom, een mislukte campagne. Geef die gelden dan liever uit aan het echt veranderen van de organisatie. Maar ja, toch zijn er nog steeds reclamebureaus die geloven dat het de juiste volgorde is om eerst een campagne te ontwikkelen en daarna pas het bedrijf zelf te veranderen. Als dat veranderen al gebeurt.

Ontroeren, geraakt worden. Dat kan door alles gebeuren. Door een mooie bloem, door het licht in het water, door een mooi verhaal, door een klein kind dat huilt, door een vreselijke situatie in een oorlogsgebied. Ontroeren overkomt je ineens. Je denkt niet, nu ga ik me eens laten ontroeren. Ik zelf raak al ontroerd bij de meest onzinnige situatie in een speelfilm. Dan schieten de tranen me in de ogen. Maar zijn er bedrijven of organisaties die me ontroeren. Nee, ik weet er zo een-twee-drie niet eentje. Wel zijn er talloze situaties die plaatsvinden in organisaties die ontroeren. Een medewerker die afscheid neemt, een bedankje, een groep medewerkers die een lied gecomponeerd heeft voor een zieke collega...

Een emotionerend product

Ontroeren en sprankelen. Het zijn altijd de mensen die het doen. De omgeving, de organisatie, het bedrijf waarin ze werkzaam zijn, stimuleert dat. Of stimuleert niet. Er zijn kille omgevingen waar sprankeling niet als nuttig gezien wordt. Waar men waarlijk denkt dat het gaat om geld verdienen. Dat iedereen het daar volmondig mee eens is. Dat dat softe gedoe eigenlijk maar onzin is. Nee, buh, sprankeling, hou op. Klanten bezielen, waar gaat dat over? Vergeet het. Dat bijna alle klanten het wel zo willen, bij bijna elk product, daar gaan we met onze efficiency-bril maar snel aan voorbij.

Het is eerder geschreven: klanten raken, de markt raken, dat doe je door sprankeling en bezieling. En dat geldt voor bijna alle producten. Met name voor de producten die zich niet van andere producten onderscheiden. Die massaproducten die we zogenaamde 'commodities' noemen. Juist daarbij is het zo enorm nodig om er een sprankeling aan toe te voegen. Want het maakt bijvoorbeeld wel degelijk uit welke verkoper ons een mobiele telefoon probeert te verkopen. De leuke bezielde verkoper kan gerust iets meer vragen en verkoopt sowieso meer. Vindt de organisatie waar die verkoper werkt dat ook, dan wordt dat gedrag gestimuleerd. Anders niet en staat er een gewone, saaie verkoper in de winkel.

Het is essentieel dat een bedrijf stimuleert dat er sprankeling en ontroering heerst. Dat dat belangrijk gevonden wordt. Waarom? Omdat het ten eerste menselijk is, ten tweede leuk is en ten derde beter is voor de resultaten van de organisatie. Het bedrijf is niet langer de kille omgeving waar we ons noodzakelijke geld verdienen, waar we 's ochtends vechtend door de files heengaan en waar we de rest van de dag geeuwend achter onze bureaus doorbrengen. Sprankelen en ontroeren, het levensbloed van elke organisatie. Zonder dat zijn het dode bedrijven. Waar niemand mee te maken wil hebben; medewerkers noch klanten.

Een leuk

dineetje meneer

Tijdens een brainstorm over het opzetten van een trainingsprogramma spraken we over de elementen die nodig zijn om daadwerkelijk in contact te komen met een klant. Dat is zo makkelijk nog niet. Voor sommigen is het gewoon een tweede natuur. Zij vinden het hetzelfde als in contact komen met elk ander willekeurig mens. Maar ik ben ervan overtuigd dat het voor de meeste mensen toch wel een opgave is.

Je klant raken, aanraken, door te inspireren. Daar gaat het om. In grote massa's met bijvoorbeeld chocoladerepen of potten pindakaas. Maar ook met kleine groepen zakelijke klanten. Grote massa's kun je raken door een verhaal te vertellen dat hen intrigeert. Zoals Ralph Lauren doet met het verhaal over stijl en zoals Marlboro deed met het verhaal van de stoere cowboy. Al dat soort van verhalen zijn bedoeld om mensen te raken. Zijn bedoeld om het achterliggende bedrijf meer te laten worden dan zomaar een bloes of een sigaret. En door het raken van de klant wordt de loyaliteit groter, want de klant wil erbij blijven horen. In het leuke boek 'The Dream Society' wordt zelfs gesteld dat een bedrijf dat geen goed verhaal heeft in de toekomst, ook geen bestaansrecht meer heeft. En daar zit wat in. Want alleen maar mooie producten ontwikkelen tegen de laagste prijs kan geen enkel bedrijf redden. Verkopen van commodities tegen de bodemprijzen aan niet-loyale klanten is een verloren strijd. De klant zoekt naar meer. En zo ook de kleinere groepen zakelijke klanten. Ook die willen een verhaal horen, ook die willen ergens bij horen. En dat maakt het ineens veel simpeler... aanraken met verhalen.

Gunnen = vrienden

Maar hoe ga je dat nu bijvoorbeeld aanpakken met een nieuwe zakelijke klant? Hoe ga je die relatie leggen? Want dat dat nodig is, is wel duidelijk. Een klant doet veel liever zaken met iemand die hij mag en iemand die hij goed kent dan met een onaardige wildvreemde. Product alleen is niet genoeg. Naast superieure producten en dienstverlening blijft het in de zakelijke markt noodzakelijk om een relatie te bouwen. Ik zou wel durven stellen dat, alle regelgeving over aanbestedingen ten spijt, het verstrekken van opdrachten voor meer dan 50% afhankelijk is van de persoonlijke relatie. Dit wordt ook wel het gunnen genoemd. Om een of andere reden (ter vermijding van fraude en zelfverrijking) zijn allerlei procedures bedacht die een inkoopproces tot een vaak onnatuurlijke poppenkast hebben gemaakt. Toen ik jaren geleden eens aan mijn directie bekendmaakte dat ik een project had gegeven aan twee leveranciers, werd verbaasd opgemerkt dat die twee leveranciers vrienden en bekenden van mij waren. Of dat wel kon. Mijn reactie daarop was dat zij vrienden waren en dat ze juist daarom de opdracht kregen. Ik vertrouwde hen en kende hun manier van werken door en door. En juist daarom kregen ze de order. Daarmee een maanden durende aanbestedingsprocedure vermijdend.

Maar toch was de logica van deze redenering niet duidelijk. Hebben we hier soms iets verloren? Is er een wens aanwezig om het in- en verkoopproces te objectiveren? Een proces dat met name met gevoel en instinct te maken heeft, verliest daarmee alle passie. Want, of het nu grote groepen van miljoenen consumenten zijn of een enkele zakelijk klant, het gaat altijd om het aanraken.

Zelf vorkje prikken

Persoonlijk kan ik het best met een klant communiceren als ik bij hem ben. Als ik oogcontact heb. Als ik kan zien hoe er gereageerd wordt. In plaats van het schrijven van brieven of e-mails, of in plaats van mijn secretaresse te laten bellen. Dat laatste is natuurlijk vaak een zwaktebod. Belangrijke relaties bel je altijd zelf. Dat wordt uiteraard het meest op prijs gesteld. Mij is wel opgevallen dat het zelf bellen met belangrijke relaties, iets is dat in de Verenigde Staten veel meer voorkomt dan in Nederland. Hier hebben we toch een soort van afstand gecreëerd, een distantie die wellicht iets met status te maken heeft. Maar het echte contact, oogcontact, kun je het beste maken tijdens een etentje. Ik eet wat af met mijn klanten! En bovendien moeten die etentjes ook nog eens leuk zijn. Anders moet je echt thuis gaan eten. Functionele etentjes moet je zo min mogelijk doen. Dat is pas doodzonde van de tijd. Het uitnodigen voor een diner is dan ook iets dat je eigenlijk persoonlijk moet doen. Het moet iets bijzonders zijn. Samen gaan eten bij een zorgvuldig gekozen restaurant. Want die keuze straalt het respect uit dat je hebt voor je zakenrelatie. Als je een vrouw wilt versieren, ga je toch ook niet naar McDonald's?

Een leuk dineetje, meneer. Echt welgemeend leuk, goede wijn, er de tijd voor nemen, misschien nog een persoonlijke attentie meenemen. En praten over waar het allemaal om draait. Daar is een heel leuk boek over geschreven, 'The World Café, Shaping our Futures through Conversations that Matter'. Want zo'n zorgvuldig uitgekozen diner met een relatie die belangrijk voor je is, dat gesprek moet toch wel ergens over gaan. Het beste is om tijdens dat hele diner gewoon niet over zaken te praten. Klinkt dat vreemd? Helemaal niet over het werk? Is dat niet een beetje zonde van de tijd? Ben je gek, het voeren van een gesprek in kostbare tijd die je anders met je geliefden had kunnen doorbrengen, moet juist ergens over gaan. Over zaken die er toe doen. Zoals de vraag 'Hoe gaat het met je', maar dan wel met gemeende belangstelling voor een echt antwoord. Hoe voelt iemand zich in zijn of haar werk? Hoe gaat het thuis?

Praten over de dingen die iemand oprecht bezighouden is wat mensen willen, maar in werkomgevingen vaak niet meer gewend zijn. In het World Café worden dan ook nog de uitspraken op het tafelkleed geschreven, maar daar zijn de meeste goede restaurants in Nederland niet zo op (in)gesteld. Alhoewel het misschien nog niet zo'n gek idee zou zijn om je eigen damasten tafelkleed mee te nemen, plus wat mooie stiften, en te gaan schrijven tijdens het eten. Wel erg creatief eigenlijk, en uitermate verrassend zelfs. Wel even met de eigenaar van het restaurant afspreken van tevoren. Dat tafelkleed, volgeschreven met zaken waar het echt over gaat, kun je aan het einde meegeven aan je zakenrelatie. Ik moet toegeven, ik heb dat nog nooit gedaan, maar ik ga dat zeker snel doen. Je zakenrelatie zal dat kleed thuis laten zien en zal het niet snel wassen. Over een band smeden gesproken!

Rare tafelconversatie

Ik had eens een etentje met een grote klant en wist ik dat ik tijdens die avond ergens even over de zaken moest praten, omdat ik de opdracht voor het komende jaar wilde vastleggen. Daar was ik wel wat gespannen over, omdat het voor ons een belangrijke opdracht was. Toch wist ik niet hoe en wanneer ik daar over moest beginnen. Het diner was reuze gezellig en liep op zijn einde. Op een bepaald moment besloot ik het maar helemaal anders aan te pakken. Doe eens gek: "Ik heb eens nagedacht over de opdracht die we misschien voor jullie moeten uitvoeren volgend jaar. Dat is voor jullie zo belangrijk, dat ik heb besloten dat we het gaan doen. We gaan het doen, of jullie nou betalen of niet. Het is te belangrijk om er nu mee te stoppen." Zo, dat was eruit. Ik pakte mijn glas en bracht een toast uit. De klant was perplex. Aarzelend en half lachend vroeg hij mij of hij dat had moeten zeggen. "Het is toch meestal de klant die de opdracht geeft, of vergis ik me? Maar ik ben het met je eens, de opdracht is te belangrijk voor ons, dus we gaan door. En we willen er ook wel voor betalen."

Dat was een heel erg raar gesprek, maar wel heel erg leuk. Zo bizar, of wellicht humoristisch, dat we het beiden niet snel zullen vergeten. Doe dat maar eens in een kantooromgeving. Keurig aan een bureau, beiden in uniform met stropdas om. Daar had zo'n gesprek nooit gekund. Maar de magie van een plek, de magie van een aanraking tijdens een goed diner maakt alles mogelijk. Creëert vriendschap, creëert een band. Tijdens een goed diner is alles toegestaan. Doe maar eens.

DOE EENS GEK!!
KLINKT DAT VREEMD?

06 53764613
DE MAGIE VAN EEN PLEK,
DE MAGIE VAN EEN AANRAKING
...RAKEN, AANRAKEN,
DOOR TE

Inspireren

Four professionals had a dream

Hoe belangrijk kan inspireren zijn? Inspireren van de klant, inspireren van je collega's en inspireren van jezelf. Niet geïnspireerd zijn, is zeer zeker een reden tot falen. Je klanten niet weten te inspireren, is niet in staat zijn je klanten te binden. Iedereen vindt het leuk om geïnspireerd te worden, om geraakt te worden. Eén van de meest inspirerende bedrijven die ik ken heet Made in Scotland. Maar dat is niet helemaal toevallig...

Jaren geleden besloten vier golfprofessionals af en toe te gaan samenwerken. Waarom? Omdat ze elkaars vrienden waren geworden in de loop der jaren. Twee Schotten, een Amerikaan en een Nederlander. En nu moet je weten dat golfprofessionals over het algemeen hun zaakjes solo regelen en nauwelijks de vaardigheid tot samenwerken hebben. Golf is dan ook een sport waarbij je erg op jezelf aangewezen bent. Je kunt het nauwelijks een teamsport noemen. De vier genoemde professionals hadden allemaal al jaren golfervaring in hun bloed. Ze wisten niet beter dan golf. Golf beheerste hun leven totaal. Maar daar dan vervolgens in samenwerking met anderen wat mee doen, is nog een heel ander verhaal.

De creatie van een bedrijf

Toch was er bij de vier vrienden een soort van business ontstaan. Klanten meenemen naar het buitenland om daar vervolgens een golfactiviteit uit te gaan voeren. En op die manier hadden ze in de loop der jaren een toch wel indrukwekkend klantenbestand opgebouwd. Maar verder werd daar niets mee gedaan. Lang geleden, na wederom een succesvol golfevenement in Schotland, zaten de mannen, aangeschoten waarschijnlijk, in een kasteel voor de open haard wat na te mijmeren. Op dat moment deelden ze met elkaar hun dromen. Dromen van een prachtig bedrijf waarin ze samen met elkaar (en samen met klanten) de mooiste en beste golfactiviteiten konden uitvoeren.

En daar, op dat moment van dromen, ontstond het bedrijf Made in Scotland. In Schotland gemaakt. En hun slogan is 'Four professionals had a dream... To create their own unique golf team committed to improvement, quality and fun. Inspired by their pure love of the game they bring their plan into action. This idea was Made in Scotland.' Deze droom is belangrijk en inspirerend bovendien. Kijk eens wat daar uit spreekt. Liefde voor de sport. En continue kwaliteitsverbetering. De wens hebben om alles wat je doet het beste te doen. Om altijd de allerhoogste kwaliteit te leveren. Al die zaken inspireren de wereld.

En met die droom moest een begin gemaakt worden. Nou was het zo dat ook deze golfprofessionals, net zoals de meeste anderen, weinig verstand hadden van het opzetten van een bedrijf. Dus dat element moest nog worden toegevoegd aan de droom. In de jaren die volgden werd gezocht naar een begin. Want hoe breng je die droom nu precies in werking? In ieder geval door eraan vast te blijven houden en nooit water bij de wijn te doen. Begin 2000 kwam ik met de vier mannen in contact, door zo'n golfevenement met mijn klanten in Schotland. En na dat succesvolle evenement bood ik hen aan om eens een avondje te helpen een bedrijf op te zetten. Want net zoals zij hun dromen hadden, is het altijd mijn droom geweest om bedrijven te creëren. Het bleek een goede combinatie, want na die ene avond praten over hoe je nu precies een bedrijf op moet zetten volgden nog vele avonden. En na die vele avonden volgde een plan. En dat plan werd een bedrijf. Een bedrijf waar inmiddels zo'n twintig mensen werken en waar circa zeventig bedrijven aan verbonden zijn. Ging dat dan zomaar? Ja, vijf jaar terugkijkend en overdenkend ging dat eigenlijk zomaar. Althans, zo voelt het. Want het ging natuurlijk niet vanzelf. Maar de energie die de vier oprichters er moeiteloos in staken, inspireerde klant na klant om mee te gaan doen.

Klant golft goed

Voor mij was de eerste vijf jaar na de oprichting een even groot leerproces als voor de vier golfprofessionals. Want daar waar ik hen telkens maar weer opnieuw moest uitleggen hoe je nu precies zakelijk te werk gaat, ontdekte ik keer op keer dat het daar natuurlijk niet om gaat. Ja, het is wel essentieel dat je een bedrijf degelijk opzet. Dat er een deugdelijke administratie is, dat je alles juridisch waterdicht regelt, dat de producten optimaal doordacht zijn. En ga zomaar door. Want net zoals een grote organisatie alles netjes op orde moet hebben, geldt dat precies hetzelfde voor een klein bedrijf. Maar wat ik leerde is hoe leuk het is om te werken in een bedrijf waar alles met zorg en liefde wordt gedaan. Waar niets anders bestaat dan een klant. Want Made in Scotland bestaat uit mensen die zichzelf altijd wegcijferen ten opzichte van de klant. De klant gaat altijd voor, heeft altijd gelijk, kan altijd goed golfen. En die houding tref je zelden ergens aan. Soms zie je dit niveau van klantcontact weleens in restaurants of hotels, want ook daar hoort de klant centraal te staan en worden medewerkers getraind in het altijd leuk doen tegen de klant. Maar dan nog moet het ook in je genen zitten. Daarom is het ene restaurant of hotel ook beter dan het andere. In sommige hotels doen ze leuk tegen je omdat dat zo hoort. Maar het gaat erom dat ze leuk tegen je doen omdat ze dat leuk vinden. En dat is het geheim. Leuk omgaan met een klant omdat je dat leuk vindt en niet omdat het zo hoort. Je hebt het of je hebt het niet. En de klant merkt dat onmiddellijk. Wat een supergevoel moet dat zijn als je merkt dat het leuke klantgedrag uit het hart komt.

Het kan beter

Over golf gesproken. Is dat eigenlijk wel een sport? Wel of niet, het is razend moeilijk en soms een gevecht met jezelf. Want hoe harder je probeert het goed te doen, hoe slechter het gaat. Maar nee, ga dan eens de baan in met de professionals van Made in Scotland. Vaker heb ik meegemaakt dat iemand er echt helemaal niets van kon. Van golfen althans. Sloeg geen bal goed. Daar kun je knap chagrijnig van worden. Maar niet de mannen van Made in Scotland. In elke mislukte slag zien ze nog iets moois. Om dan heel langzaam en voorzichtig minuscule verbeteringen aan te brengen. Verbeteringen die zo klein lijken dat ze een 'magical touch' zijn. Want daarin ligt ook nog eens een geheim. Iedereen die wel eens gegolfd heeft weet dat het aanbrengen van vele verbeteringen op hetzelfde moment vaker leidt tot verslechtering dan verbetering van het slaan. Maar de klant zelfvertrouwen geven door te blijven complimenteren met wat althans wel goed gaat en tegelijkertijd mini verbeteringen aan te brengen zorgt ervoor dat het leuk blijft. Dat het steeds leuker wordt.

De klant die gedeprimeerd de baan in ging, kwam niet zelden vrolijk er weer vanaf. 'Hij had gespeeld als een jonge god'. Glimlachend liep daar dan de professional van Made in Scotland achteraan. Continu de klanten inspireren tot betere prestaties is een gave. Om vervolgens discreet afstand te kunnen nemen als die klanten met elkaar even over business willen spreken. Dat gedrag heb je of niet. Dat valt bijna niet te leren.

Made in Scotland is geen bedrijf, het is een Clan. Zo is dat vijf jaar geleden genoemd, en zo is het geworden. Een clan is een eeuwenoud Schots erfgoed. Officieel bestaan er geen clans meer, maar het clangevoel is nog steeds op en top in Schotland aanwezig. Een clan is een familie. Een familie met een familiegevoel. Een fijn gevoel, waar je bij wilt horen.

De clan Made in Scotland heeft zelfs een eigen tartan, een eigen schotse ruit, met een eigen kilt. Op die manier hebben de mannen van Made in Scotland iets gecreëerd dat eerst een bedrijf was, maar dat langzaam uitgroeide tot een familie. Een familie die inspireert, die energie geeft. Waar je bij wilt zijn. Te zien hoe inspiratie de kern kan zijn van een bedrijf is leerzaam, want bijna nooit heeft inspiratie die rol.

Inspirerende organisaties

Hoe komt het toch dat ik graag in Silicon Valley ben, of in Dubai? Of waaraan ligt het dat ik het veel leuker vind in een kleine, ondernemende organisatie dan in een grote, logge organisatie? Dat komt doordat bepaalde plekken me inspireren. Van de ene plek krijg ik energie, terwijl de andere mij energie kost. Zo was ik onlangs weer voor de zoveelste maal in Dubai. Daar wordt, zo lijkt het, ongeveer elke week een nieuw hemelbestormend project gestart. Het ene nog ondernemender dan het andere. Niets is te gek en alles kan. Als het maar bijdraagt aan het hogere doel en dat is geld verdienen. Nu mag iedereen iets vinden van die doelstelling, overeind blijft staan dat de slagvaardigheid waarmee men doelen probeert te bereiken fenomenaal is. En bijna opportunistisch. Want toen Dubai ongeveer tien jaar geleden begon met het ontwikkelen van grootse plannen, verklaarde iedereen de inwoners van dit Golfstaatje voor gek. Maar inmiddels is er al heel erg veel bereikt.

Poetsen in hoogste versnelling

Neem nou het eiland voor de kust van Dubai in de vorm van een palmboom, Palm Island genaamd. Toen ik daar enkele jaren geleden met ingenieurs over sprak, hoorde ik twijfel. Zou het wel mogelijk zijn, moest er niet eerst meer getest worden? Wat zouden de gevolgen zijn voor ecosysteem, de waterloop... Niets van dat was echt goed onderzocht, want het project moest snel af. En inmiddels staan de huizen op de Palm en trekken de bewoners erin. Gebouwd in een tempo waar we in Nederland geen benul van hebben. Gebouwd door Nederlanders bovendien. En zijn de Dubainezen al weer met oogverblindende snelheid begonnen met de reconstructie van de wereldkaart in eilandjesvorm. Dat tempo, dat enthousiasme om dingen aan te pakken en vooral de continue daadkracht van daadwerkelijk dingen doen, inspireert enorm. Dat tot actie overgaan, spreekt in Dubai uit alles. Geen gemodder met wetgeving, geen vertraging door allerlei regelgeving. Nee, niet lullen maar poetsen. Die regel geldt daar echt en dat inspireert.

In Nederland worden ideeën als het bouwen van een dergelijk eiland, of kleiner, het aanleggen van een golfbaan, al bijna niet meer gelanceerd. Ik schat dat het in Nederland minimaal tien jaar zou duren voordat je een vergunning zou hebben voor het aanleggen van een eiland voor de kust. Overigens zijn we daar mee bezig geweest en is dat destijds door een actie van Koot en Bie afgeketst. Heel makkelijk zouden we ons daar overheen kunnen zetten, ware het niet dat wij ons als land toch af en toe moeten verdiepen in wat er rondom ons heen gebeurt. Wat doen onze 'concurrenten'? Want tegelijkertijd met het bouwen van de eilanden in Dubai wordt er ook een tweede luchthaven ontwikkeld, waardoor over tien jaar Schiphol als internationale 'hub' overbodig moet worden. Althans in hun ogen. De twee luchthavens in Dubai kunnen over tien jaar 180 miljoen passagiers per jaar aan. Stel dat Schiphol deze dreiging wil afwenden. Dan kunnen we starten met het ellenlange proces om een extra landingsbaan aan te gaan leggen. En tegen de tijd dat daar een vergunning voor is, zeg tien jaar, dan is het niet meer nodig. Dat is dus niet inspirerend. Ik noem Dubai een organisatie, het is een klein landje, maar het is eigenlijk een bedrijf. Dat ook als een bedrijf gerund wordt. En in vergelijking daarmee is Nederland een log apparaat met een stortvloed aan regeltjes. Die laatste organisatie is absoluut niet inspirerend en geeft geen energie.

Neem er een hap uit

Inspirerende organisaties en inspirerende mensen of leiders zijn verschillende dingen. OK, beide zijn inspirerend, maar het is toch interessant om te zien of organisaties inspirerend kunnen zijn zonder inspirerende leiders. Of dat er inspirerende leiders kunnen zijn zonder een inspirerende organisatie. Dat laatste kan zeker. Er zijn veel voorbeelden van organisaties die absoluut niet inspirerend zijn, voor medewerkers noch voor klanten, maar waar de leider wel inspirerend is. Misschien nog niet in staat geweest om die energie door te geven. Een organisatie die haar klanten en de markt om haar heen inspireert, is een interessant fenomeen. Neem Apple. Dat merk

(of die organisatie) is al heel wat jaren in staat om een grote groep mensen te inspireren. Ook haar huidige leider inspireert zijn medewerkers. Zelfs het logo, de appel met een hap eruit, is gebaseerd op het afwijken van de regels. Het strijden tegen de conventies.

Even diep inademen. Inspireren is gebaseerd op een begrip dat 'nieuw leven inblazen' betekent. Inspireren is aanzetten tot daden, is energie geven, is blij maken, creëert creativiteit. Daar wil je bij horen. Het inspireren van klanten is het mooiste dat er is voor een organisatie die succesvol wil zijn. Dubai als organisatie inspireert miljoenen mensen uit de hele wereld om erbij te willen zijn. Om daar naartoe te komen, om ook projecten te bedenken die daar uitgevoerd kunnen worden. In een buitengewoon tempo volgen nieuwe projecten elkaar op. En Dubai zelf is de inspiratiebron daarvan. Omdat het land uitstraalt dat er ruimte is om te ondernemen. Dat er snel besloten wordt over projecten. Het land inspireert. En daarmee bereikt het land haar doelen. De leider van de Dubai-organisatie is een inspirerende man. Met een inspirerende vader. Beide mannen hadden een grote visie op de toekomst. Een helder en krachtig verhaal dat begrijpelijk is en dat mensen inspireert.

Zuivere visie niet te koop

En daar ben ik weer terug bij dat verhaal. Je kunt het ook een droom noemen of een visie. Wat is nu een organisatie zonder visie. Dat is echt niets, helemaal niets. Wie of wat wil je zijn in deze wereld. Dat willen klanten weten en dat willen medewerkers weten. En dat verhaal moet er dus zijn. En bovendien op een authentieke wijze worden uitgedragen door de leider. De leider heeft een visie, een verhaal. Inspireert daarmee zijn medewerkers, die vervolgens weer hun medewerkers inspireren. Op een authentieke wijze liefst, want mensen hebben snel en feilloos in de gaten als een verhaal niet van jezelf is. En die geïnspireerde organisatie inspireert dan weer haar klanten. Raakt haar klanten echt aan, want de authenticiteit druipt ervan af.

Wat mij al lang verbaast, is dat nog steeds opdrachten worden verstrekt aan de grote gerenommeerde consultingfirma's om een visie te ontwikkelen. Hoe vaak worden niet miljoenen uitgegeven aan het ontwikkelen van een verhaal, de langetermijnvisie of -strategie? Dat vervolgens op een absoluut niet-authentieke wijze, met behulp van presentaties, video's, memo's aan de organisatie wordt overgedragen. Omdat die visie niet uit de organisatie zelf komt, is die visie meestal niet authentiek. En boeit niet. En verdwijnen al die studies dus in de la. Hoe makkelijk is het om topmanagers zelf aan het werk te zetten, input op te laten doen en een visie te laten ontwikkelen waar ze zelf in geloven. En die dus naar klanten, medewerkers, aandeelhouders en andere stakeholders heel makkelijk te verdedigen is. Je eigen verhaal vertellen, je eigen droom overbrengen op anderen, inspireert enorm. En is bovendien leuk en eenvoudig. Maar het kost wel tijd. Tijd voor reflectie, tijd om te denken. Ondernemers als Aalbers, Breukhoven, Philips en Heineken, om er maar een paar te noemen, hadden een droom en hadden daar geen externe consultant voor nodig. Die droom is makkelijk en eenvoudig over te brengen. Stimuleert, motiveert en inspireert mensen.

Organisaties die niet inspireren, hebben geen energie en sterven automatisch. Het is wel merkwaardig dat daar dan vaak op een keurige, niet-inspirerende wijze mee wordt omgegaan. Beste consultant, hoe kan ik mijn klanten inspireren? Is een belachelijke vraag. Inspiratie kun je niet per kilo kopen. Veel eenvoudiger: vraag je klanten om een richting, op zich al een inspirerende vraag. Maar wat nog merkwaardiger is: als een organisatie zichzelf opnieuw wil gaan uitvinden, zijn de organisatiestructuur en het beeldmerk vaak de handvatten die worden aangegrepen. Hoe wordt het bedrijf door de markt gepercipieerd, dat heeft met het beeldmerk te maken. Hoe zit het bedrijf in elkaar en wat zijn de procedures? Want die moeten toch klantgerichter worden? Kosten noch moeite worden gespaard om beeldmerk en organisatie te wijzigen. Daar zijn de externe consultants goed in. Maar het belangrijkste element wordt vergeten. Het element waarmee de klant in aanraking komt. Het woord zegt het al: aanraking. Klanten willen aangeraakt, geraakt worden. Maar daar wordt op bespaard.

Je eigen verhaal

Het spreken tot de verbeelding van de medewerkers, het bieden van kansen, het aanbieden van een fysiek leuke werkplek, het maken van grappen, het lachen zijn vaak elementen die teveel kosten. De elementen waarmee we nieuw leven inblazen, waarmee we echt inspireren, worden veelvuldig vergeten. En dus bouwen we een organisatie met een nieuwe structuur en een nieuw logo, maar met dezelfde ongeïnspireerde cultuur. Zonder verhaal en zonder authenticiteit. Het verhaal staat wel centraal. Het echte verhaal dat diep uit je ziel komt. Toen TNT besloot om het World Food Programme van de Verenigde Naties te gaan ondersteunen, werd dat idee door de markt wantrouwig bekeken. Niet omdat men het geen goed idee vond, maar omdat men zich afvroeg of het authentiek was. Of dat het slechts een verkooptruc zou zijn. Zo belangrijk is authenticiteit.

Toen wij ooit opdracht kregen om voor Schiphol een langetermijnstrategie te ontwikkelen, werkten we vanuit de echtheid van de top van Schiphol. Onze concurrent, PWC, viel af omdat zij claimden over alle beschikbare kennis te beschikken waarmee ze een fenomenale luchthavenstrategie zouden kunnen gaan ontwikkelen. Wij wilden slechts de top van Schiphol inspireren om zelf haar strategie te gaan ontwikkelen. Zodat die authentiek zou zijn en oprecht van hun.

Het kan niet waar zijn dat een organisatie te inspireren valt door leiders die geen verhaal hebben. Wat dat verhaal dan ook is, want echtheid, authenticiteit, inspireert eigenlijk altijd.

Hoe wil je tot in de eeuwigheid herinnerd worden? Eternity4all biedt de mogelijkheid om zelf te bepalen hoe je tot in de heel verre toekomst herinnerd wilt worden. Op www.eternity4all.com koop je een eigen hoekje met ruimte voor foto's, video-impressies en tekst. Tijdens je leven kun je dit nog updaten. Daarna blijft de herinnering voor eeuwig beschikbaar. Dat is nog eens een idee met toekomstperspectief... Om die ambitie van de eeuwigheid waar te kunnen maken, is er veel creatief ondernemerschap nodig geweest. Een idee doortrekken tot in het oneindige is ook niet makkelijk. Kerngedachte achter dit initiatief was dat iedereen het recht heeft om geschiedenis te schrijven. Maar ook voor jezelf is Eternity4all een interessant hulpmiddel voor zelfreflectie en bewustwording. Hoe vat je jezelf samen?

Wat moet je zonder dromen

Elk mens heeft dromen. Dromen van dingen die bereikt kunnen worden. Dromen van de wereld om in te leven. Dromen die groter zijn dan het leven, 'bigger than life', zoals Amerikanen dat zeggen. Dromen zijn bedrog, luidt het gezegde, maar geen mens kan zonder. Dromen zijn de brandstof van het leven. Wat is een nacht zonder mooie dromen. Wat is het leven zonder idealen. Zonder prachtige ambities. Geen ondernemer zou beginnen met werken zonder dromen. Zonder die dromen zouden er geen ondernemers zijn.

Kleine dromen, grote dromen, het doet er niet toe. Eigenlijk bestaan er alleen maar grote dromen. Want wat voor een kind dromen over het behalen van een tenniskampioenschap is, is voor een bestuurder de droom om met zijn bedrijf de top te bereiken. Het zijn dezelfde dromen. Alleen zijn die dromen vaak verdwenen. Weggerationaliseerd.

Ongekend diep

Lang geleden sprak ik met een verkoopdirecteur van een groot bedrijf. Elke dag bezocht hij klanten en sprak hij over projecten, omzet en kansen. Maar hij had het nog nooit aangedurfd om met een klant te praten over diens dromen. Want waarom zou hij? Bovendien was het een belachelijke gedachte om met die klant over dromen te gaan praten. Hij zou afgaan, hij zou uitgelachen worden door die klant. Maar toch. Op een zekere dag, de zon scheen, hij had een overmoedige bui en hij was op weg naar een klant. What the heck, dacht hij, ik ga eens gek doen. En bij de klant aangekomen, stelde hij zijn belachelijke vraag: "Wat zijn jouw dromen?" De klant was niet verrast, knipperde niet met zijn ogen, maar staarde voor zich uit. Langzaam verscheen er een glimlach op zijn gezicht en voorzichtig pratend begon hij aan zijn verhaal. Aan het verhaal dat vertelde over zijn leven, zijn familie, zijn ambities, zijn doelen en de toekomst. De klant kon er gewoon niet mee ophouden. Sprankelend bleef hij maar doorgaan... en doorgaan. Het was fenomenaal. Het was energie, het was passie. De topverkoper wist niet wat hem overkwam, want dit was een ongekende sensatie. Hij had een echt contact met de klant waarmee hij tot op dat moment alleen maar gesproken had over zijn producten en diensten. Dit was anders, dit ging ergens over.

Verkocht hij veel tijdens dat gesprek? Nee, hij verkocht niets, maar hij creëerde een band. Een band die ervoor zou gaan zorgen dat hij in de toekomst bij die klant zou blijven. Dat hij een relatie was aangegaan die ervoor zorgde dat de klant het gevoel had voor het eerst een echt gesprek te hebben gevoerd dat hij nog vaak zou willen herhalen. Het was een groots moment. Het was succes.

De baas van een groot Nederlands bedrijf gaf mij ooit de opdracht om met zijn grootste klanten een echte relatie op te gaan bouwen. Wij besloten om sessies te organiseren over de dromen en ambities van die klanten. Een nieuw fenomeen, waarbij de verkoopgedachte niet centraal stond, maar waarbij het belangrijk was om de basis te gaan leggen voor een langlopende relatie. Maar waarom zouden al die klanten in vredesnaam aan mij hun dromen gaan vertellen, was zijn vraag voordat we ook maar een sessie hadden uitgevoerd. Eerlijk is eerlijk, het antwoord moest ik enigszins schuldig blijven.

Mijn droomwereld

Maar de verklaring van zowel het eerste voorbeeld als de tweede vraag was hetzelfde. En het antwoord is bijna te simpel voor woorden. Dat antwoord is dat mensen het geweldig vinden om met anderen te praten over hun dromen. Mensen hebben een enorme behoefte om over hun dromen te mogen vertellen. En er zijn maar zo weinig momenten waarop ze dat kunnen. Kinderen die een prachtige droom hebben gehad, mogen daarover vertellen. Aan hun ouders, op school, aan hun vriendjes en vriendinnetjes. En ze vertellen er met passie over. Onderwijl verzinnen ze er ook nog wat bij, al pratende en denkende. Wat een fantastische exercitie is dat. Het vertellen van verhalen die je bezighouden. Verhalen die je de moed en energie geven om te leren, om te leven.

Wanneer verdwijnt dat? Vanaf wanneer vinden we het kinderachtig om over onze dromen te praten? Zeker is het dat bedrijven niet meer de plekken zijn waar we met elkaar praten over onze dromen. Dat levert tenslotte niets op. Het draagt niet bij aan de winstgevendheid van het bedrijf. Het is niet meetbaar en het is geen onderdeel van onze key performance indicators. Wie heeft ooit tijdens een sollicitatiegesprek de vraag gekregen welke dromen hij heeft? Waarom zouden we? We praten veel liever over het CV en over de ervaringen die we hebben opgedaan. Om te zien of we geschikt zijn voor de vacature. Maar praten over dromen? Nee, dat past daar eigenlijk niet in. Terwijl we weten dat een bedrijf bestaat uit tientallen, honderden of duizenden mensen die allemaal hun eigen dromen met zich meenemen. Want die dromen zijn er nog wel, keurig weggestopt in hokjes. Maar ze bestaan nog steeds. En ze hebben veel meer invloed op iedereen dan de drang naar hogere functies of hogere beloningen. Want die topman of -vrouw die in dat fantastische kantoor uitziet over de stad en geniet van een topsalaris, droomt vaak weg bij de gedachte aan zijn kinderen of bij de gedachte aan de boot of golfswing. Soms worden die dromen sterker en ontwaakt hij of zij uit de droom van alledag en beseft hij dat er meer is in het leven.

Ontwaken om te dromen. Of dromen om te ontwaken? Eerder het laatste. Iedereen heeft dromen, daarvoor hoef je geen topfunctie te hebben. Want ook de postbode droomt van een prachtige tuin en een gelukkige jeugd voor zijn kinderen. Dromen zijn van alle niveaus.

Ik droom dat ik een berg verzet

Dan komt toch steeds weer die vraag terug. Waarom doen we daar niets mee? Waarom laten we die mensen niet hun dromen beleven? Omdat dat niets oplevert? We weten toch dat het vertellen van dromen bij iedereen passie en energie naar boven brengt. Passie en energie waarmee we in elke organisatie bergen kunnen verzetten. We verzinnen allerlei programma's om mensen energie te geven, we houden peptalks, we organiseren heisessies. We doen er alles aan om energie in de organisatie te brengen. En het meest voor de hand liggende onderdeel gebruiken we niet. De verhalen over de dromen.

Onlangs kreeg ik een set visitekaartjes in handen van een wat kleiner bedrijf. Op de voorzijde stond netjes de naam van het bedrijf, de bijbehorende functionaris en alle overige gegevens. Een keurig kaartje. Maar achterop elk kaartje stond iets wonderlijks. Elke medewerker had achterop vier woorden geschreven waar zijn of haar passie naar uitging. Woorden als Kung Fu, Bier, Alfa Romeo, Bon Jovi, Bomen, Oekraïne, Oorlogswinter, Een simpel plan, Mijn mams en dergelijke. Dat waren de dromen van die mensen. En iedereen die zo'n kaartje kreeg en die woorden zag, begon daarover het gesprek. Een gesprek dat ging over de dromen en ambities. Het gesprek dat echt ergens over ging. En het gesprek bovendien dat makkelijk te voeren was en dat leuk was. Want praten over dromen en passie is voor iedereen makkelijk. Dus door die kaartjes uit te delen, legden die mensen onmiddellijk een relatie. Die kaartjes worden niet vergeten en de mensen die erbij horen ook niet. Wat een geweldige manier om de dromen om te zetten in energie. Energie die leidt tot een relatie. Of dat nog over business gaat?

Het is een grote kunst om de talloze dromen die leven in organisaties te ontsluiten. Want het ontsluiten van die dromen legt de basis voor een energiek bedrijf. En de wetenschap dat dromen mag en gewaardeerd wordt, maakt mensen weer kinderen. Maakt mensen blij. Het is toch raar dat we die bron van energie hebben drooggelegd. Dat we denken dat het gek is om met elkaar over dromen te praten.

Overigens, de moed hebben om er met elkaar over te gaan praten, levert natuurlijk allerlei effecten op die we niet van tevoren kunnen inschatten. Zo sprak ik eens langdurig met de CEO van een grote organisatie over

zijn dromen. En natuurlijk was het een gesprek zonder eind. Maar toch, aan het einde van het gesprek aangekomen, en eigenlijk was het meer een monoloog, keek de bestuurder voor zich uit en sprak toen: "Als ik zo naar mezelf luister en mezelf hoor vertellen wat ik eigenlijk wil in mijn leven, dan lijkt het erop dat ik hier weg moet." Ik hield mijn adem in, want dat was toch wel een erg vergaande conclusie. Vier maanden na dat gesprek werd in de markt bekendgemaakt dat de betreffende bestuurder uit eigen initiatief zijn baan vaarwel had gezegd. En zijn dromen was gevolgd. Een moedige stap, maar de enig juiste.

Volg je fantasie

Hoeveel mensen gunnen zichzelf niet eens de tijd om over hun dromen na te denken. Door het rennen en vliegen en het werk van alledag is er vaak geen tijd om goed na te denken over de dingen waar het echt over gaat in het leven. En dat is voorbij voordat je het weet. Hoeveel mensen besluiten op enig moment om eerst nog even carrière te maken voordat ze toegeven aan hun dromen. Omdat ze denken dat het niet anders kan. Dat ze het geld niet hebben om aan hun dromen toe te geven. En zo stoppen ze die dromen weg. Voorlopig, althans zo denken ze. Maar dat is een vreselijke vergissing. Elk mens heeft op elk moment de vrijheid om te kiezen, maar door onze opvoeding en door allerlei levende conventies denken we dat we die vrijheid niet hebben. Allerlei waandenkbeelden zorgen ervoor dat we niet meer kunnen ontsnappen aan het wegstoppen van onze dromen.

Mijn vader had maar één droom en dat was wandelen. Wandelen, op de mooiste plekken over de hele wereld. Dat was zijn passie en wij werden overal mee naar toe gesleurd om ook mee te wandelen. Maar hij had de moed om, met vier studerende kinderen, op 53-jarige leeftijd zijn baan op te zeggen en voor het minimumloon wandelgids te worden. En dat is het, daar gaat het om. Durven toe te geven aan je passie, doen waar je gevoel je toe leidt, wat het ook kost. Niet wachten tot het te laat is. Nee, nu doen.

Dromen, iedereen heeft ze. Maar de meeste dromen zijn weggestopt. Voor later. Later, als het te laat is.

Mensen die hun dromen volgen, die sprankelen. Bedrijven sprankelen als de medewerkers sprankelen. Dat is de ultieme corporate dream. Dus moet je medewerkers stimuleren hun dromen te volgen. Uiteraard kunnen (moeten!) mensen dat ook privé doen, maar stel dat mensen ruimte krijgen om werkgerelateerde dromen te vervullen?

In een omgeving van mensen die je uitdagen, waar je ideeën mee ontwikkelt en toetst, ontstaan vanzelf motiverende doelen (voor jezelf of met elkaar). Ik beschreef dat Google mensen een dag per week de ruimte geeft om te doen waar ze zin in hebben. Stel nu dat je dit combineert en medewerkers de mogelijkheid geeft om een dag per week te verkeren in een ruimte met de collega's waar zij mee willen werken. Wat zou er dan gebeuren? Ik denk dat in korte tijd hele spannende, creatieve en ondernemende initiatieven zouden ontstaan, waar iedereen beter van wordt.
Zowel de gemotiveerde medewerkers als het bedrijf. Tijd om te dromen en om dromen werkelijkheid te laten worden. Dan ontstaat sprankeling en houd je die sprankeling ook vast.

Wie

heeft er visie?

Een visie ontwikkelen kost tijd, veel tijd. Visionaire leiders zijn schaars, en daarom valt er voor de consultants als McKinsey nog zoveel te doen.

Ik zat eens in een grote directievergadering. Alle directeuren van een groot Nederlands softwarebureau zaten met elkaar te filosoferen over de begroting van het nieuwe jaar. Percentages van groei werden over en weer uitgewisseld en bovendien werden er klanten besproken. Op zich allemaal tamelijk relaxed. Totdat plotseling een van die directeuren opmerkte dat hij geen idee had wat er volgend jaar allemaal zou gaan gebeuren. Toen ik zei dat ik daar wel enig idee over had, moest hij daar hard om lachen. “Het is onmogelijk om te weten wat er volgend jaar gebeurt,” riep hij uit. Dat was voor mij een verbijsterende ervaring. Natuurlijk, we zullen nooit exact kunnen voorspellen wat er in de volgende jaren gaat gebeuren, maar we weten wel degelijk de ingrediënten die het grote geheel bepalen. En die weten we nu nog veel beter dan vroeger. De wereld wordt immers steeds kleiner.

Onthutsend was dat die directeur een organisatie leidde met toch wel zo'n duizend medewerkers. En dat in mijn ogen die medewerkers opgescheept zaten met een directeur die werkelijk geen idee had. Evenzo verbijsterend was dat ik ooit met de CEO van een groot elektronicaconcern sprak, die mij trots meedeelde dat hij toch echt geen verstand van elektronica had. Stel je zo'n man voor bij de aandeelhoudersvergadering.

"Mijne dames en heren, dank dat u mij het vertrouwen geeft om dit bedrijf te leiden, maar ik heb toch echt geen enkel verstand van of belangstelling voor wat wij hier doen." Dat geeft vertrouwen! Een leider hoort zich te verdiepen in de markt en moet eigenlijk feilloos kunnen vertellen waar zijn organisatie heen gaat in de komende tien jaar. Dat noemen we een visie. Soms gaat die visie over in een droom of in een ambitie.

Dat een leider zonder visie niet inspirerend is, lijdt geen twijfel. Bovendien is het dan een domme leider. Want bij elke beslissing, hoe klein ook, heeft een leider behoefte aan een visie. Het hebben van een visie maakt het zoveel makkelijker om beslissingen te nemen.

Wel een beetje opletten

Even terug naar die directeur van dat automatiseringsbedrijf van destijds. In zijn ogen was het dus echt onmogelijk om te weten wat er volgend jaar gebeurt. Neem bijvoorbeeld het bedrijf Intel. Die maken chips voor computers. En neem maar van mij aan dat dat bedrijf redelijk goed zicht heeft op welke ontwikkelingen er de komende tien jaar gaan plaatsvinden. Dat is in hun laboratoria behoorlijk goed te voorspellen. Maar niet alleen Intel weet met redelijke zekerheid wat er het komende decennium te gebeuren staat qua technologische ontwikkelingen. Ook Microsoft weet dat. En zo zijn er heel wat bedrijven in de sferen van de techniek die goed weten waar we heen gaan. Als je daar kennis van neemt, en je bent directeur van een softwarebureau, dan kun je goed voorspellen wat er gaat gebeuren. Laat staan dat je dat alleen maar voor volgend kalenderjaar hoeft te doen. In 1996 wisten we zeker dat internet een doorslaggevende rol zou gaan spelen in Nederland. Toen al waren er bedrijven die winstgevend in de internetwereld opereerden. Maar zelfs in 2002 werd ik nog aangesproken door een directielid van een grote uitgever, die mij vroeg of er überhaupt een bedrijf was in de internetsector dat winst maakte. Had die man zitten slapen? Was hij op de hoogte van de wereld waarin met name zijn bedrijf moest gaan opereren? Nee, natuurlijk niet, door gebrek aan visie kwam diezelfde uitgever dan ook behoorlijk in de problemen. Niet opletten wat er in de wereld gebeurt, geen tijd (willen) investeren in nadenken, kijken en luisteren naar de wereld: het leidt soms tot een dramatisch gebrek aan visie.

Leiders hebben de verplichting om heel erg goed te kijken naar de wereld om hen heen. Zij worden niet voor niets vaak de kapitein op het schip genoemd. Die stuurt niet zelf, maar bepaalt wel het einddoel en beslist in cruciale situaties. Die heeft een beeld van waar we heen gaan. Kijken, luisteren en nadenken kost tijd. Veel tijd. Vraagt ook rust, om je gedachten te ordenen. Maar is vooral ook heel erg leuk. Want kijken,

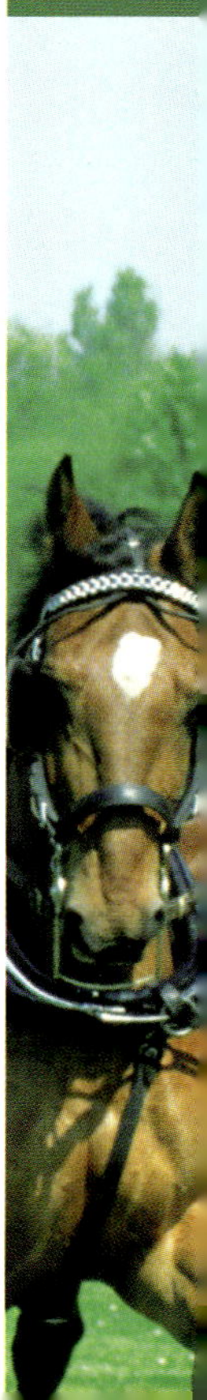

luisteren en nadenken over waar jouw wereld zich heen ontwikkelt, is zeer inspirerend. Tijdens mijn vele tientallen bezoeken aan Silicon Valley heb ik altijd wel iets meegenomen. Een idee, een beeldmerk, een product, een strategie. Kortom, uit dit enorm hypercreatieve oord dat Silicon Valley genoemd wordt, heb ik altijd inspiratie gehaald. En daarom ga ik steeds weer naar die plek terug. Want de siliconenvallei is nog steeds een plek waar de meest creatieve geesten der aarde zich verzamelen. En daar kijken en luisteren boeit altijd. Soms moet je naar een dergelijke plek gaan zonder vastomlijnd plan. Gewoon er naar toe gaan en tijd besteden kan al erg helpen. Visies hebben tijd nodig om tot ontwikkeling te komen. Die zijn er niet zomaar ineens. Bovendien weet je ook nooit precies wanneer de visie er is.

Soort zoekt soort

Locaties waar de meeste creatieve geesten zich verzamelen, zijn er op talloze plaatsen in de wereld. Maar het is opvallend dat talent zich verzamelt op die punten. Of dat er nu tientallen of honderdtallen zijn. Het is een feit dat talent talent aantrekt. En dat de combinatie van talent met geld helemaal wonderen kan verrichten. Talent trekt geld aan en geld talent. In Nederland wordt vaker de discussie gevoerd of we hier ook niet een Silicon Polder kunnen inrichten. Natuurlijk kan dat, het heeft echt niet alleen met het klimaat te maken. Het heeft wel met het ondernemersklimaat te maken. En dat is niet zo eenvoudig te creëren in een land waar die ondernemende cultuur niet altijd gewaardeerd wordt. Talent trekt weg naar andere landen.

Op innovatieve hotspots is visie ontwikkelen makkelijker. Dus het inrichten van researchplekken door grote multinationals in Silicon Valley, en het inrichten van regiokantoren in Dubai zijn allemaal middelen om voeling te houden met de creatieve centra van de wereld. Zijn waar de trends bepaald worden, is van fundamenteel belang. Toen ik eind negentiger jaren met de reorganisatie begon van een grote software-onderneming, vroegen mensen me in het begin wanneer ik zou weten hoe het moest gaan worden. Ik antwoordde dat ik geen idee had wanneer de te volgen strategie mij duidelijk zou worden. Maar dat ik verwachtte dat dat een maand of drie zou gaan kosten. Dat antwoord leek redelijk bevredigend, maar de volgende vraag was moeilijker. “Hoe weet je of je visie de juiste is?” Mijn antwoord daarop was beangstigend, want volgens mij weet je dat nooit zeker. Maar het kan dus zijn dat als je visie niet klopt, de organisatie ten onder gaat. Ja, dat kan gebeuren, als je niet tijdig ingrijpt. En in de historie zijn legio organisaties ten onder gegaan aan een verkeerde visie. Het zij zo.

Ben je er klaar voor?

Beter een verkeerde visie dan geen visie. Geen visie leidt tot een ongeinspireerd, stuurloos schip. En daar wil toch niemand op zitten. Een visie ontwikkelen kost tijd. Dat gaat dus ook om jezelf de tijd gunnen om na te denken over wat je om je heen ziet gebeuren en welke invloed dat heeft op je organisatie. Is van levensbelang. Onlangs vertelde de CEO van een grote uitzendorganisatie me dat op dit moment met grote zekerheid is vast te stellen welke tekorten zich in de komende tien jaar op de arbeidsmarkt voordoen. En waar. Dat wetende, is het schrijnend om te zien hoe weinig organisaties daar hun maatregelen voor nemen. Wellicht begrijpelijk, want op dit moment doen die tekorten zich nog niet voor. Dus, door het gebrek aan visie zie je op talloze plaatsen een afwachtende houding. Of zelfs een tevreden houding. Want organisaties die goed draaien, voelen niet de noodzaak om iets te gaan doen aan een probleem dat zich pas in de toekomst gaat voordoen.

Maar dat is toch beschamend? Precies, dat is het. De betrokkenen, de stakeholders, bij een organisatie zouden zich veel meer moeten verdiepen in de mate waarin die organisatie zich bezighoudt met haar toekomst. Hoe ziet de visie er uit, door wie is die ontwikkeld, hoe is die doorleefd en ingebed in de organisatie? Welke inspanning doet de organisatie om niet alleen nu, maar ook in de toekomst nog te bestaan? En welke fysieke inspanning doen de leiders van die organisatie zelf? Niet door studies uit te besteden aan externe consultants. Nee, door zelf op pad te gaan. Door persoonlijk de tijd vrij te maken om te gaan kijken in eigen en aanpalende markten. Want het is heel leerzaam, en leuk bovendien, om je te verdiepen in het overleven van Apple en bovendien in de opmerkelijke switch door Apple van de computerindustrie naar de consumentenelektronica. Tal van bedrijven hebben de noodzaak om een dergelijke beweging te maken.

Wie heeft er een visie?

Je hebt als visionair leider *fingerspitzengefühl* nodig, een goed ontwikkeld buikgevoel, een instinct, om je organisatie te kunnen leiden op de lange termijn. Veranderingen in de markt zouden de leider als eerste moeten opvallen. Zodat tijdig bijgestuurd wordt door de kapitein en niet pas als er nood aan de man is. Zoals het zo vaak gebeurt. Wie is de visionair? Dat is een even belangrijke vraag voor elke organisatie als de vraag hoeveel winst er gemaakt wordt op dit moment. Een visie ontwikkelen is leuk, geeft energie en vraagt om erg veel creativiteit.

Leiderschap of Lijderschap

Er zijn veel bazen. En vaak zijn dat dan ook nog bazen die functioneel benoemd zijn. Mensen die in een organisatiestructuur op een bepaalde plaats staan. En die structuren worden dan grafisch weergegeven met een zogenaamde hark. Die hark houdt in dat er een baas is die hiërarchisch leiding geeft, of zou moeten geven, aan een aantal andere mensen. Ook wordt er dan nog vaak gesproken over een span of control, oftewel: aan hoeveel mensen kan iemand leiding geven zonder het overzicht te verliezen. Laten we zeggen dat dat er gemiddeld zo'n tien zijn. Onder die tien mensen hangt dan ook weer een 'hark' met wederom mensen. En zo kun je doorgaan, afhankelijk van de omvang van een organisatie. Bij tienduizend mensen heb je al gauw zo'n vier managementlagen. En dat betekent natuurlijk dan ook dat als iemand in de laagste laag iets wil zeggen tegen de hoogste baas, hij dat meestal geacht wordt te doen via die vier managementlagen. Wat meestal niet lukt. En als het al lukt, duurt het heel erg lang voordat een bericht op en neer is gegaan. Meestal wordt er geen prijs gesteld op een directe benadering van de hoogste baas door het laagste niveau. Dit om verschillende redenen. Een daarvan is dat de lagere bazen niet graag gepasseerd worden. Een andere reden kan zijn dat de hoogste baas het te druk heeft om door tienduizend medewerkers individueel te worden benaderd. Maar er kunnen nog veel meer goede en slechte redenen worden opgesomd die het onwenselijk maken dat communicatie over de managementlagen heen springt.

Als je over die harken-structuur eens goed nadenkt, komen verschillende gedachten opzetten. De eerste gedachte die ik krijg, is dat het me allemaal een beetje archaïsch voorkomt. Ouderwets en niet meer van deze tijd. Deze structuur is ook al eeuwen geleden bedacht, toen er erg veel mechanische fabrieksmatige arbeid plaatsvond in logge bedrijven. Wellicht werkte dat hiërarchische patroon toen wel goed. Met bazen, strakke rapportagelijnen en met klinische functieomschrijvingen. Taakomschrijvingen zie je overigens niet zo heel veel meer. Vroeger had je zelfs complete consultantsfirma's die zich bezighielden met het in detail omschrijven van functies, met soms ook nog de tijden erbij die de betreffende persoon er aan mocht besteden. Die tijdregistratie en tijdstudies stammen uit het optimaal modelleren van fabrieksprocessen, waarin per handeling werd vastgelegd hoeveel tijd iemand daaraan mocht besteden. Op basis daarvan konden zeer gedetailleerde calculatieschema's worden opgesteld, waarop vervolgens weer gedetailleerde administratieve systemen zoals de Philips Administratie waren gebaseerd. Tijdens mijn studie hebben we weken gedaan over het in detail bespreken en bestuderen van het door Philips ontwikkelde systeem.

Wat heeft dit allemaal met leiderschap te maken? Voorlopig nog niet veel. Eerder heeft de hierboven gegeven beschrijving te maken met lijderschap, of althans met de ingrediënten die vaak leiden tot lijden. Maar toch wil ik even doorgaan met de lijn van mijn betoog, omdat ik hiermee wil komen tot een beschrijving van de meest gehanteerde manier van managen. Namelijk het managen via hiërarchische lijnen. Het aansturen van anderen via strakke lijnen. De impliciete denkfout die daarin schuilt, is dat het meestal niet automatisch leidt tot leiden, maar meestal leidt tot managen. En managen leidt niet automatisch tot coachen. Ook zo'n fenomeen van deze tijd. Ieder zichzelf respecterend manager (en het speelt nog meer bij de overheid dan in het bedrijfsleven) heeft een coach. Je bent geen echte manager als je geen coach hebt. Waarom? Joost mag het weten, maar in ieder geval omdat er blijkbaar op enig terrein onvoldoende kwalificatie is. Is dat wat hard geoordeeld? Als iemand een bepaalde functie bekleedt, wordt hij of zij toch geacht dat goed te kunnen? In alle openheid met collega's. Die dus naar elkaar en onder elkaar coachend kunnen optreden. In alle openheid.

Maar in die management teams heerst vaak helemaal geen openheid, althans onvoldoende. Onderlinge coaching ontbreekt ook veelal. Want managers denken dat ze moeten managen. En dat begrip managen wordt eenzijdig ingevuld. Namelijk met een bevelstructuur naar beneden en een rapportagestructuur naar boven. Beter is als er een meer coachende vorm van managen heerst. Waarbij een enorme vrijheid wordt gegeven aan de teamleden, in plaats van 'ondergeschikten', en waarbij er coachend wordt begeleid door de manager. Dan pas ontwikkel je teamleden die later zelfstandig kunnen gaan werken. Coachend management komt natuurlijk al heel dicht in de buurt van leiden. Want leiden en managen zijn totaal verschillende zaken.

Door de nadruk op managen en daarnaast nog eens de nadruk op de omvang van de groepen of bedrijven waaraan leiding wordt gegeven, krijg je hele rare situaties. 'Aan hoeveel mensen geef jij leiding?' is een veelgehoorde vraag, die eigenlijk

onbetekenend is. Dan wordt dus naar de massa en niet naar het belang of de moeilijkheidsgraad gekeken. We zitten verdorie niet meer in de productie van T-Fords. Toen ik leiding gaf aan een bedrijf van ongeveer tienduizend medewerkers liet ik me vaak ook verleiden tot bovenstaand gedrag. Managen van tienduizend mensen is erg moeilijk. Zeker als je het allemaal beter denkt te kunnen. Of dat je denkt niet de tijd te hebben mensen te coachen en te begeleiden naar betere resultaten. Maar zodra je het zelf wilt gaan doen, stroomt je energie weg. Het is namelijk erg hard werken en het kost ontzettend veel energie. Praten, praten en nog eens praten. Dus geen tijd meer voor leuke zaken, zoals klanten.

Veel managers trappen in de val van strak leidinggeven en het 'uitdelen van orders'. Zo zullen ze het niet vaak noemen, maar daar komt het uiteindelijk toch wel vaak op neer. Verstrekken van marsorders. Gebaseerd op strakke, bijna onhaalbare budgetten en tegenwoordig gebaseerd op allerlei regels van integriteit en gedragscodes. Managen verwordt dan vaak tot het uitdelen van opdrachten en het innemen van uitkomsten. En als die uitkomsten niet kloppen, worden we boos en worden er sancties gesteld. Sancties en bonussen. Carrot and stick, zoals vaak lachend wordt opgemerkt. Is dat niet eigenlijk een beetje sneu? Is dat wat een manager tot een leider maakt…

Want laten we het eens over leiden hebben, daar zou het dit hoofdstuk tenslotte over gaan. In mijn optiek kun je het niet hebben over de pure vorm van inspirationeel leiderschap, zonder eerst, wellicht wat absurdistisch, aan te geven hoe de houterige ouderwetse manier van managen eruit ziet. Er zijn mensen die dat leiderschap in zich hebben, in hun genen. Mensen die grote groepen kunnen inspireren en kunnen aanzetten tot daden waar die groepen van tevoren niet van dachten het te kunnen. Dat kunnen politici zijn, voetbaltrainers, leiders van jeugdelftallen, buurtvoorzitters. Leiders zijn er op elk niveau. Maar merkwaardig genoeg wordt bij de selectie van (top)managers in organisaties vaak niet gekeken naar het leiderschapsprofiel. In sommige functies is dat wellicht niet zo belangrijk, maar er zijn situaties waarin het leiderschapsprofiel veel belangrijker is dan het managementprofiel. Een bedrijf dat op het punt staat om te vallen en waar het gros van de medewerkers in de put zit of het al lang niet meer ziet zitten, heeft behoefte aan inspiratie. Terwijl een erg goed lopend bedrijf daar niet direct behoefte aan heeft en goed uit de voeten kan met een topmanager. Die niet per se hoeft te inspireren, alhoewel ik vind dat elke topmanager moet kunnen inspireren.

Een echte leider inspireert namelijk altijd. Vult een organisatie met energie, vaak alleen al door zijn of haar aanwezigheid. En die energie, die door de leider vaak in ongelooflijke hoeveelheden wordt gegeven, kan wonderen verrichten. Mandela verrichtte wonderen door een land vreedzaam te hervormen. Clinton verrichtte een wonder door niet af te hoeven treden na het sigarenschandaal. Hiddink verrichtte een wonder door Zuid-Korea tot grote hoogten te leiden tijdens het WK Voetbal. Steve Jobs verrichtte een wonder door Apple te laten herleven. En zo kan ik een lange lijst maken van leiders die door hun tomeloze energie een wonder konden verrichten.

Echte leiders sturen een organisatie aan met energie. En hebben het niet nodig om heel rigide vast te houden aan de hiërarchie, aan de 'harken'. Echte leiders treden vaak veel coachender op in hun managementrol. En daar is dan vaak niet een veelheid aan coaches nodig om de omringende managers op het juiste pad te houden. Leiderschap werkt vaak ook aanstekelijk, wat eigenlijk gelijk de vraag beantwoordt of leiderschap te leren is. Alhoewel ik lange tijd gedacht heb dat het sterk genetisch bepaald is, heb ik inmiddels al zoveel voorbeelden gezien van mensen die leiders werden, dat ik denk dat leiderschap tot op enig niveau wel te leren is.

Waar wil je bij horen?

Mensen inspireren en mensen energie geven. Is bijna hetzelfde. Als je inspireert, geef je energie. Maar een leider kan je ook een goed gevoel geven. Een gevoel dat je zegt dat je de leider wilt volgen. Er is dus wel een verschil tussen grote leiders die bergen kunnen verzetten en kleine leiders die organisaties mee kunnen krijgen. Die vertrouwen uitstralen, die integer zijn en authentiek. Overigens, er bestaan geen leiders die niet authentiek en integer zijn. Er bestaan wel personen die leiding geven en die niet authentiek en integer zijn. Maar in mijn definitie van leiderschap komen de woorden energie, inspiratie, authenticiteit en integriteit voor. Dan pas is sprake van een echte leider. En echte leiders zijn dus schaars. Managers die al hun energie steken in het voortduwen van hun organisatie. Die vaak het gevoel hebben aan een dood paard te trekken. Dat zijn, vaak erg goedwillende, lijders.

De bewuste onderneming

Op zaterdag voetballen mijn kinderen. Ik sta dan altijd langs de lijn, aangezien ik de elftalleider ben. Vaak ook de elftallijder, maar de laatste tijd valt dat reuze mee. Ik sta daar niet alleen. Nee, samen met mij staan er ouders van allerlei pluimage langs dat veld. En die ouders reageren allemaal op hun eigen manier op hoe hun kinderen het in het veld doen. Stel dat een voetballertje iets verkeerd doet in het veld, dan heb je de volgende reacties: "Hee eikel, kun je gvd niet beter uit je doppen kijken." Met de nodige scheldwoorden gepaard. Het betreffende jongetje kruipt in zijn schulp en zal de verdere wedstrijd niet meer functioneren. Je hebt daarentegen ook ouders die eveneens zien dat hun kind die dag niet zo best voetbalt. Maar die lopen na de wedstrijd naar hem toe, slaan hun arm om zijn schouder en vragen zoiets als "Ging niet zo best vandaag hè, hoe kwam dat nou?" Gaan in gesprek en stellen het kind op zijn gemak. Maar beide typen ouders hadden dezelfde aandrang om te reageren op het slechte spel van hun zoontje. De een knalde er schreeuwend direct kritiek tegenaan, terwijl de ander zich realiseert wat hij wil bereiken. De laatste ouder is zich bewust van zijn reflexen, maar die reflexen gaan niet met hem aan de haal. De eerste ouder is zich zeer waarschijnlijk niet bewust van zijn reflexen en doet wat hij voelt, of het helpt of niet. Zo gaat het ook met organisaties. Je hebt organisaties die zich bewust zijn van hun positie in de markt, van de invloed die zij hebben en kunnen hebben en van de manieren waarop zij met hun klanten omgaan. Dit soort organisaties noemen we 'bewuste organisaties', *conscious companies.*

Begrijpt iemand de klant?

Organisatiestructuren zijn gemaakt om herhaalbaar en controleerbaar gedrag te vertonen en het is heel moeilijk om in de hark 'de klant' te tekenen. Voor een hiërarchische organisatie bestaat op papier de klant niet. Voor een matrixorganisatie trouwens ook niet. Er bestaan in dat type organisaties wel marketingafdelingen, callcenters en communicatieclusters. De klant zelf heeft er geen plek in, er is wel een plaats voor diegenen die de klant vertegenwoordigen in een taal die de organisatie begrijpt. Beschrijven, in een hokje stoppen, er opdrachten aan geven en meten of de opdracht wordt uitgevoerd; het zijn nog steeds veelgebruikte methoden om grip te krijgen op het onvoorspelbare gedrag van de klant. Op papier bestaan in organisaties procedures en regels om de boel onder controle te houden. Als gevolg daarvan handelt de organisatie met een bepaald voorgeprogrammeerd gedrag, gedicteerd door de CRM-systemen, met acties of de klant het nu wil of niet.

Wat nu als je bedrijven eens beziet als een intelligente bron van mogelijkheden? Mogelijkheden, die kunnen ontstaan uit een spel tussen wie je bent en wat je kan, samen met de klant. Je weet dan één ding zeker: om het spel goed te spelen, kan je niet zomaar je gedrag herhalen. Het hele systeem leert en reageert op voorspelbaar gedrag. Het spel wordt er dan niet levendiger op. Wees je bewust van wat je doet en kijk of je alles uit het spel haalt wat erin zit.

Wachttijd te koop!

Een leuk denkexperiment over bewuste bedrijven betreft organisaties die grote groepen mensen binnen hun werkgebied kunnen verzamelen. Bedrijven als Schiphol, de Nederlandse Spoorwegen, misschien wel de KNVB die iedere voetbaldag weer prestaties van formaat laat zien. Deze bedrijven hebben mensen binnen die vaak wachten. Wachten in de trein, op een vliegreis, in de rust. Deze wachttijd kan je weer benutten voor het aanbieden van iets waar op dat moment behoefte aan kan bestaan. Bijvoorbeeld informatie, entertainment, contact of communicatie. De schatting bestaat dat er circa 60 miljoen reizigersminuten per dag ter beschikking staan van openbaar-vervoersbedrijven. En daar doen we dus niks mee. Als je nu als bewust bedrijf een intelligent spel speelt met wie je bent en wat je kan, samen met de klant, ontstaan er zonder al teveel inspanning nieuwe businessmodellen die een onderneming sprankelender en creatiever kunnen maken. Natuurlijk ben je vervoerder, maar je bent daardoor ook producent van wachttijd die je weer kan verkopen. Wat een kans om zo bewust met je eigen onderneming om te gaan.

Bewuste bedrijven kijken ook goed naar hun plaats in de waardeketen. Natuurlijk kopen ze in, zoals ieder ander bedrijf. Ze doen vervolgens wat en verkopen hun producten, diensten of ervaringen aan hun klanten. Wat nu als je je inkoop regelt met die bedrijven die jouw manier van zakendoen onderschrijven? En in die samenwerking ook investeert? Veel mensen die nu het gevoel hebben niet mee te doen maar 'alleen maar' ondersteunend werk verrichten, komen zo ineens rechtstreeks in contact met het bedrijfsbelang. En dat geldt ook voor de inkoop van bijvoorbeeld schoonmaakdiensten. Het is voor iedereen een interessante vraag om te beantwoorden: hoe kan je bijdragen aan ons doel, tevreden klanten? Wat kan ik voor je doen om je in staat te stellen die vraag goed te beantwoorden? Klanten zijn overal te vinden. Als je er maar naar zoekt.

Weest ledig

In het ideale geval bestaat een bewust bedrijf uit een leeg centrum met daar omheen een bron van mogelijkheden, bestaande uit dat wat van jezelf is en dat wat van de klanten, de markt, is. Het is de kunst om zonder vooroordelen of standaard reflexen steeds opnieuw een effectieve verbinding te scheppen die dat wat van jou is in verband brengt met dat wat van de anderen is. Het lege centrum dat dat probeert te doen, heb ik voor het eerst kunnen waarnemen bij de Tokyo Gas Company in 1986. Het werd toen 'Empty Center Management' genoemd. Om meer gas in Tokyo te kunnen verkopen, zijn ze Tokyo gaan afkoelen. Ze zijn toen via de airconditioners in de klimaatbeheersing gegaan. Als je maar "leeg genoeg" bent, sluit je niks uit en zie je wat er kan. Als je je klanten nu eens net zo belangrijk vindt als je eigen medewerkers (er eigenlijk geen verschil is tussen je klanten en je medewerkers), hoe ziet je tijdbesteding er dan uit?

Klanten vinden het fantastisch om direct betrokken te worden bij de afwegingen van de bedrijven waar ze veel mee te maken hebben. Zeker als ze ook nog eens merken dat hun mening er toe doet. Klanten zijn tenslotte net mensen, die het leuk vinden als hun mening op prijs wordt gesteld. Bewuste bedrijven weten dat en organiseren op alle niveaus van de organisatie klantoverleg. Je weet dan waarvoor en voor wie je werkt en wie je salaris betaalt. Die mens aan de andere kant van de streep, die je in je eigen hiërarchische organisatiestructuur niet terug kan vinden, die mens die je eigenlijk nauwelijks kent, jouw klant.

Kicken!

Een goede vriend die wel van ieder bedrijf een bewust bedrijf wil maken, loopt warm als hij ziet dat er energie gaat stromen. Dat mensen gaan gloeien en dat ze het naar hun zin hebben in hun werk en dat ze doen waar ze goed in zijn. Wat is dat toch, dat rare begrip "energie"? Dat is wat we allemaal kennen als we iets doen wat we een uitdaging vinden, waarvan we het beeld hebben dat we dat kunnen doen en er uitgerust genoeg voor zijn om de taak op te pakken. En dan gaat het ineens vanzelf en het dak gaat eraf. We gaan gloeien van enthousiasme en we voelen ons top in het moment dat we dan meemaken. We zijn eigenlijk nog steeds net die kinderen op het voetbalveld. We willen scoren. En als het even niet lukt geen pappa die ons uitkaffert. Maar een team dat je verder helpt, liefst een team met klanten. Gelukkig maar, laten we het kind in ons de ruimte geven en laten we gaan voor wie we zijn en wat we kunnen. En dat is presteren op het hoogste niveau in ondernemersland.

ECHTE MENSEN

Een leider staat voor de groep en vertelt zijn verhaal. In het ergste geval wordt die boodschap voorgelezen vanaf een stukje papier. Nog veel erger is het als die boodschap door een ander is bedacht en opgeschreven. Een verhaal vertellen dat uit je diepste ziel komt, is heel erg makkelijk. Laat iemand maar eens vertellen over zijn grootste passie. Laat diegene vertellen over zijn hobby of zijn kind. Of over de door hem gerestaureerde zeilboot. Of over zijn prachtige, pittoreske berghutje. Iedereen zal opbloeien als ze authentiek zijn, als ze echt zijn.

Authenticiteit is een woord waarover veel geschreven wordt, maar dat vaak niet goed begrepen wordt. Het lijkt een moeilijk begrip, maar het is bijna te simpel voor woorden. Misschien leidt de angst ervoor tot dat onbegrip. In mijn ogen is authenticiteit een van de meest belangrijke onderdelen van goed management en leidt authenticiteit, of echtheid, tot prachtige organisaties. Het begrip heeft veel te maken met het zoeken naar de kern. Wie ben ik en wie wil ik zijn. Ken ik mezelf een beetje? Bontje en Kirpestijn noemen vier eigenschappen van een authentieke leider, namelijk het staan voor wezenlijke waarden, het hebben van durf en creativiteit en het beschikken over zelfkennis.

Energiebalans

Blijkbaar is authenticiteit eng. Het is eng om jezelf te laten zien en jezelf te zijn. Maar tegenover die engheid staat het plezier van de reactie op authentiek gedrag. Authentiek gedrag roept authentieke reacties op. En die reacties geven energie. Authentiek gedrag geeft energie en roept energie op. Je geeft en je krijgt terug. En dat is bij onechtheid toch echt wel anders. Jammer voor die mensen die niet echt zijn, die zichzelf niet durven laten zien. Want die genieten nooit van de energieke reacties die ze terugontvangen. Energie geven en energie nemen. Hoe vaak hebben we niet te maken met managers of leiders die slechts energie geven en er niets voor terug krijgen. Tja, nog veel vaker hebben we te maken met leiders die geen enkele energie geven.

Oninspirerende leiders zijn hoogstens middelmatige managers. Leiderschap is een zware taak. Leiders zouden in staat moeten zijn om hun medewerkers open te laten gaan. Door met hen als eerste te praten over de vragen die er echt toe doen. Door met hen zaken te delen die wezenlijk zijn. En dat zijn dus niet de operationele vragen van het werk. Toen ik voorzitter werd van de directie van een groot bedrijf, nodigde ik op mijn eerste werkdag al mijn directieleden uit voor een werkdag plus aansluitend diner in een sfeervol kasteeltje. Het moet toch allemaal leuk zijn, nietwaar? En daar kwamen de mannen aan, zeulend met allerlei mappen en ordners. Vol met detailgegevens van klanten, projecten, medewerkers en vele andere ongetwijfeld belangrijke zaken. Alhoewel ik het als een kennismakingsdag had voorgesteld, had toch iedereen de perceptie dat we hard moesten gaan werken. Maar toen ik hen voorstelde om een abstractieniveau hoger te gaan zitten en het met elkaar te gaan hebben over 'waarom zij werkten' en 'waarom ze deden wat ze deden', bleek dat dat daar nog nooit eerder was gebeurd. Dat verbaasde mij weer, maar ik heb me daarover inmiddels veel vaker verbaasd. Het met elkaar spreken over de zaken die echt de moeite waard zijn, komt veel minder vaak voor dan je zou denken.

Wie is u?

Hoe kun je in vredesnaam goed, open en eerlijk in een team samenwerken als je elkaar niet kent. Als je niet goed weet wat de anderen bezighoudt en wat die ander drijft. Want waarom werkt iemand heel hard, waarom is hij of zij nors, waarom reageert iemand zoals-ie reageert? Allemaal vragen die zeer de moeite waard zijn om een antwoord op te hebben. Wat blijkt is dat veel mensen niet erg goed weten waarom ze werken. Om geld te verdienen? Om hun hypotheek te kunnen betalen? Maar wat zijn dan hun ambities, waarom werken ze überhaupt? Waarom gaan ze niet met hun gezin een reis om de wereld maken? Waarom doen ze niet waar ze echt zin in hebben...

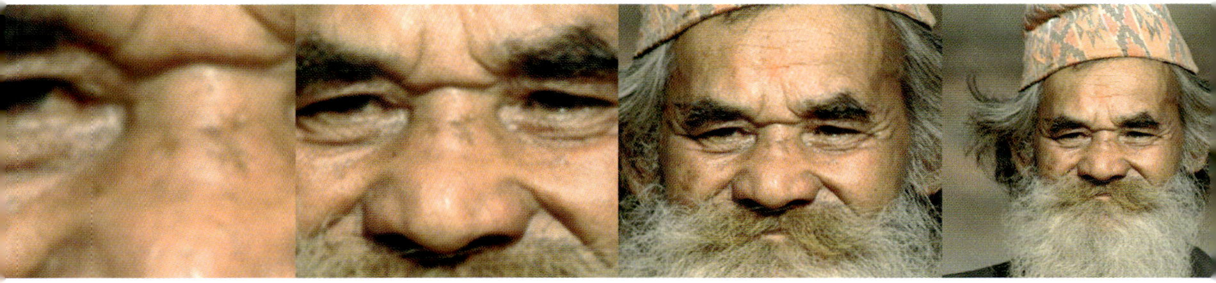

Kortom, waarom laten de meeste mensen zich niet echt kennen? Daar ligt toch echt de sleutel tot een goede samenwerking, tot goede teambuilding, tot goed leiderschap, tot het zijn van een goede vriend en vader. Authenticiteit is in alle facetten van je leven belangrijk, zoniet cruciaal.

Als je iets aan je kind vertelt, lieg je dan of laat je jezelf zien? Stel je je echt open voor je kind? Zo niet, dan speel je zelfs in die meest intieme privé-situatie nog toneel. Want niet authentiek zijn, is toneelspelen. En dat is erg vermoeiend. Omdat ik zovelen zie die om een of andere reden zichzelf niet durven laten zien, noem ik het bedrijfsleven weleens een groot toneelstuk. Een afmattend stuk theater, dat erg veel energie kost. In plaats van het leven als een spel dat energie geeft. Energie geven doe je zelf, maar energie nemen moet je ook zelf doen.

Jezelf open durven stellen is eng, maar de beloning is groot. De beloning is openheid van de anderen en dat maakt het samenwerken vele malen makkelijker. Management teams die nooit de tijd nemen om met elkaar te zijn, om echt tijd aan elkaar te besteden, zijn gedoemd te mislukken. Alhoewel ik het eigenlijk niet geloof, hoorde ik ooit van een bestuursvoorzitter van een van Nederlands grootste ondernemingen dat hij bedacht had de band met zijn directie te gaan verbeteren door af en toe eens met elkaar uit eten te gaan. Mijn onmiddellijke reactie was de vraag of dat dan nooit eerder was gebeurd. Het beschamende antwoord was dat dat inderdaad nooit of zelden had plaatsgevonden. En dan nog was het eten om de honger te stillen. Zoals Amerikanen vaak uit beleefdheid met elkaar gaan eten, maar dan ook na een paar glazen mineraalwater en wat ongeïnteresseerd gebabbel om acht uur 's avonds huiswaarts keren. Geen interesse, geen gezelligheid, geen authenticiteit.

Een eerlijk antwoord

Momenten van rust zoals bijvoorbeeld een goed diner zijn uitgelezen gelegenheden om met elkaar te spreken over echte onderwerpen. Het luisteren naar elkaar en het genieten van de verhalen van de ander. Het echt door laten dringen van wat die anderen zeggen en wat ze daarmee bedoelen. Teambuilding is zo moeilijk nog niet. Het vergt durf om jezelf bloot te geven. Zeker als je je bloot moet geven aan anderen die dat vervolgens niet bij jou doen. De angst om kritiek te krijgen, om uitgelachen te worden, om zielig of opschepperig gevonden te worden. Angst voor de mening van de ander. Terwijl je weet dat je je daar eigenlijk niets van aan moet trekken. Maar dat is makkelijker gezegd dan gedaan. Maar het overwinnen van die angst is de moeite waard. Om na de overwinning van de angst jezelf bloot te geven, zijn er nogal wat vragen die je zelf moet kunnen beantwoorden. Want om een eerlijk verhaal over jezelf te kunnen vertellen, moet je wel enig begrip hebben voor je eigen gevoelens. Want vragen als 'waarom werk je hier eigenlijk' moet je ook wel eerlijk kunnen en durven beantwoorden. Want het is heel erg makkelijk om een prachtig verhaal te bedenken waarmee je je eigen gevoel een groot plezier doet. Maar dat in de kern weer een onderdeel van dat toneelspel is. Het is o zo verleidelijk om een door jezelf geconstrueerd stoer verhaal, of zelfs ontroerend verhaal, aan anderen te vertellen in een poging om authentiek te zijn.

We waren met een groep managers op het Franse platteland om met elkaar te spreken over de zogenaamde zaken waar het in het leven echt over gaat. Zoals altijd begon iedereen met een uitgebreid verhaal over zichzelf. Dat zijn vaak enorm ontroerende en indrukwekkende verhalen. Bij deze groep zat een deelnemer die een verhaal vertelde dat op het eerste gehoor prachtig was. Maar terwijl hij vertelde, kromden mijn tenen zich. En ik zag dat verschillende andere deelnemers hetzelfde gevoel hadden. Dit was niet goed... er klopte iets niet. Nadat hij zijn verhaal verteld had, kon je onmiddellijk zien aan de groep dat men de vertelling niet geloofde. Maar het was zo mooi dat de verteller er zelf in geloofde. Een heel erg rare ervaring, die je wel aan het denken zet. Want hoe weet je, zeker als je echt in je eigen verhaal gelooft, of dat eigen verhaal wel of niet authentiek is. Ben je echt zelf aan het woord of spreekt je ego?

Totaal onbelangrijk

Het antwoord is niet zo moeilijk, en overigens voor vrouwen iets makkelijker dan voor mannen. Vrouwen hebben een veel beter zintuig voor authenticiteit. Mannen zijn nog weleens voor de gek te houden met een prachtig verhaal, maar over het algemeen prikken vrouwen veel sneller door onechtheid heen.

Maar het geeft des te meer aan dat het zo enorm belangrijk is om over zelfkennis te beschikken. Om jezelf te kunnen lachen, om goed te kunnen relativeren. Want je bent niet belangrijk, je bent niet de beste, je bent niet onmisbaar. Je bent niet onsterfelijk. Managers die zichzelf belangrijk vinden omdat ze grote groepen mensen voortsleuren, hebben nogal eens de neiging om daadwerkelijk te denken dat ze belangrijk zijn. Dat wordt dan nog eens van harte aangemoedigd door hun directe ondergeschikten. Die overigens vaak door henzelf zijn aangesteld, dus die bewust of onbewust zijn geselecteerd op ondergeschikt gedrag. Terwijl ieder weldenkende en goedopgeleide manager weet dat hij of zij er veel meer bij gebaat is als hij af en toe de wind van voren krijgt. Als de medewerkers kritiek die ze hebben ook durven uiten, als medewerkers ondernemend durven zijn, als ze fouten durven te maken.

Relativeringsvermogen en zelfkennis is essentieel om authentiek te kunnen zijn. Bovendien zou ik aan die zelfkennis humor willen toevoegen. Een humoristische leider met durf, zelfkennis en sterke waarden is automatisch authentiek. Erg leuk is het om met authentieke mensen te werken. En een energie dat het geeft!

Authenticiteit in organisaties heeft ook veel te maken met de oude wijsheid 'Eerlijk duurt het langst'. Door authentiek te handelen, als persoon en als organisatie, schep je vertrouwen en handel je betrouwbaar. Dit zijn in de huidige transparante samenleving en bedrijfsomgevingen (denk aan de Bloggers, die oneerlijk handelen van een organisatie aan de kaak stellen!) vitale waarden waar niet mee te marchanderen valt. Het is vrijwel niet mogelijk om hierin oneerlijk te zijn – je valt toch door de mand. Niets is zo moeilijk als langdurig consistent oneerlijk zijn, een pose aannemen, niet-authentiek zijn.

Zoals één van de karakters in een toneelstuk van Oscar Wilde zei, toen haar werd gevraagd wat haar favoriete pose was: "I prefer to be natural, but it's such a difficult pose to keep up."

Synchroniciteit

"Vorige maand had ik er nog nooit over gehoord en nu zie ik het overal". Denk je dat ook wel eens? Mij overkomt het regelmatig. Of het nu gaat over nieuwe automodellen, games, mode of wat ook. En dan twijfel ik aan mezelf: wás het er al (en zie ik het nu pas) of kwam het opeens op?

Je ziet het in de literatuur, in de muziek, in de managementtheorieën, in alles eigenlijk. In de jaren tachtig had iedereen het ineens over de Tao van Fysica (een boek van Fritjof Capra), over Madonna, en over Total Quality Management (van de managementgoeroe Edward Deming). En je zou denken: dat was de mode toen. Een gril die werd ingegeven door handige marketeers die boeken, muziek en adviesmethoden aan de man brengen. Maar is dat echt zo? Is het zo dat er ergens een duistere macht is die feitelijk dicteert wat wij allemaal interessant, mooi of overtuigend vinden? Leven wij zelf of worden wij geleefd?

Elkaar opjutten

Mij lijkt het dat de waarheid er tussenin ligt. Niemand dicteert ons, maar wij dicteren elkaar. Het lijkt eerder op een soort energieveld dat ervoor zorgt dat we op een gegeven tijdstip allemaal geneigd zijn de nieuwe vormen, wegen en oplossingen in dezelfde richting te zoeken. En de beroemdheden die daaruit naar bovenkomen zijn eerder passanten dan geschiedschrijvers. Niet ieder genie wordt gezien, en niet iedere

blijft verbazen

beroemdheid is geniaal. De wereld kiest haar vertegenwoordigers op de momenten dat het haar uitkomt. Zo lijkt het mij toe. Maar hoe en wanneer zie je zo'n energieveld dan ontstaan? En kun je het oproepen?

Kort geleden nog liep ik bij twee collega's binnen, die bezig waren een creatieve oplossing te bedenken voor een project dat maar moeizaam vooruitkwam. Ik wist dat het een moeilijk probleem was, want verschillende anderen hadden er hun hoofd al over gebroken. Toen ik binnenkwam, viel ik in een conversatie over hun vrouw en kinderen, en over hun bezigheden van het afgelopen weekend. Ik had maar één korte vraag, stelde die, en ging weer weg. Ruim een uur later had ik nog een vraag en liep wéér binnen. Beiden waren in een euforische discussie verwikkeld over een boek dat ze allebei hadden gelezen. Opnieuw had ik een korte vraag, stelde die, aarzelde of ik zou vragen hoever ze nu met de oplossing voor dat lastige project waren, maar in plaats daarvan schoof ik aan en luisterde. Na nog eens een half uur riep één van beiden plotseling: "O ja, we zouden het nog over dat project hebben". Er viel een korte stilte. Daarna volgde in hoog tempo een uitwisseling van ideeën. Korte woorden soms. Rijp en groen. Grappen tussendoor. En ineens kwam de oplossing. Zomaar. Uit de lucht, zo leek het wel. Binnen een kwartier. Ik zat er bij en wist meteen dat de oplossing goed was.

Het bijzondere was niet dat zij een goede oplossing hadden bedacht. Allebei zijn het keien in hun vak, en ze hadden me vaker verbaasd doen staan. Wat bijzonder was, was het proces. Ruim anderhalf uur hadden ze gepraat over 'niets', en toen ineens in een kwartier werd er 'productie gedraaid' en kwam de oplossing uit de bus. En wat nog mooier is: zo deden ze het altijd.

Het voorbeeld geeft aan hoe synchronisatie werkt in het dagelijks leven. Beide collega's gebruikten hun tijd voornamelijk om op één golflengte te komen. Om hun belevingswerelden af te stemmen. Om volstrekt ongedwongen op elkaar te kunnen reageren. Om hun energie te bundelen. En toen die gemeenschappelijke energie er was, volgde een kettingreactie die zó doeltreffend was dat de oplossing binnen een kwartier tot stand kon komen. Als je me vraagt naar een wetenschappelijke verklaring, moet ik het antwoord schuldig blijven. Maar mij is opgevallen dat gezamenlijke creativiteit enorm toeneemt als er tijd genomen wordt voor de synchronisatie van de energie en de gedachten.

Eerlijk duurt veel korter

In een ander voorbeeld organiseerden wij een tweedaagse workshop voor de directie van een grote onderneming. Het was een groep van maar liefst tien personen, en het leek ons vooraf niet eenvoudig in zo korte tijd consensus te bereiken. Doel van de workshop was om een gezamenlijk programma te ontwikkelen dat tegelijk ons werk voor de komende maanden zou gaan inhouden. Ook was ons gevraagd iets aan teambuilding te doen, want de deelnemers kenden elkaar pas kort. Wij hebben die keer anderhalve dag van de workshop besteed aan persoonlijke verhalen van de deelnemers. Over hun dromen, hun ambities ging het. Maar ook over diepe dingen: het verlies van een kind of partner, twijfels aan eigen kunnen, boosheid over de oneerlijkheid in de wereld en het ontbreken van zelfvertrouwen, of moed of durf om jezelf te blijven. Ontroerende verhalen, waar ik niet zonder vochtige ogen naar kon luisteren. Menselijke dingen die het bestaan raken. Tijdens de laatste middag kwam het programma aan de orde. Als in een flow werd het vastgesteld. Met enkele belangrijke wijzigingen en aanpassingen, maar zonder politieke manoeuvres of verborgen agenda's. In slechts enkele uren tijd hadden we het werk van een jaar uitgestippeld.

Je zou kunnen zeggen: geen wonder. Goedkope truc. Niemand durfde nog ergens tegenin te gaan na zoveel kwetsbaarheid. Maar zo lag het niet. Er wáren bezwaren op onderdelen van het programma, maar ze waren authentiek. Eerlijk zoals ze waren. En iedereen zag ze en kon zich vinden in de voorgestelde oplossingen. En dus werd het programma op die onderdelen aangepast. In beide voorbeelden werd de tijd genomen om te synchroniseren. Een soort energieveld te creëren waarin de dingen gelijkgericht zijn. Niet gelijk zijn, hetzelfde zijn. Maar gelijkgericht. En met die synchronisatie creëer je de synchroniciteit, die nodig is om tot een nieuwe weg te komen. Ik beschouw synchroniciteit als de samenloop van scheppende energie. Zodra het in één bedding komt, stroomt het naar een natuurlijk punt toe. En dat is een punt dat nu eenmaal zo moet zijn.

Synchroniciteit komt dus voort uit persoonlijk contact. Op grond van deze ervaringen – en inmiddels vele andere – organiseer ik regelmatig bijeenkomsten op een rustieke locatie. Daaraan nemen dan een paar bestuurders van verschillende bedrijven deel. Met als voornaamste ingrediënt het vertellen van verhalen. Verhalen over jezelf. En natuurlijk komen er ook zakelijke onderwerpen aan de orde. Maar steevast in laatste instantie. En in nog geen tien procent van de tijd.

Doen we nog wa

Waar doen we het allemaal voor? Hard werken, soms plezier hebben, blije of boze klanten. Soms thuis zijn bij de kinderen. En maar bezig zijn. Dag in dag uit. Het lijkt bijna wel echt. Of is het allemaal maar een groot toneelspel? Waarin we allemaal een bepaalde rol hebben gekregen of hebben verworven. En waarin we in meerdere of mindere mate serieus die rol aan het spelen zijn. Spelen we maar, dan hebben we dat plezier in ieder geval. Of is er dan toch meer?

voor de wereld?

Over het algemeen zoeken mensen in toenemende mate naar een hoger gelegen doel. Het kan toch niet allemaal alleen maar gaan over een betere functie en meer salaris. Terwijl de wereld om ons heen langzaam maar zeker op aan het raken is. Dramatisch is dat er nog steeds mensen zijn die de harde feiten niet onder ogen willen zien. De realiteit die ons er op wijst dat de natuurlijke bronnen van de aarde op aan het raken zijn. En dat op diezelfde aarde allerlei bedrijven krioelend op zoek zijn naar nog meer winst. En weer meer winst. En nog meer.

De bodem in zicht

Ik kende lang geleden een bedrijf waarvan de oprichter het niet per se noodzakelijk vond om winst te maken. Als de medewerkers het maar naar hun zin hadden. En als dat bedrijf natuurlijk wel een klein beetje winst bleef maken zodat er een goede toekomst was. Maar diezelfde oprichter, laten we hem E. noemen, dacht vaak en veel na over wat er in de omgeving van dat bedrijf gebeurde. En niet alleen in de directe omgeving van dat bedrijf, maar ook in de hele omgeving… de hele aarde. Ook daaraan werd geld gegeven. Bijvoorbeeld aan het World Watch Institute, een onderzoeksinstituut in Washington DC dat nu al vele vele jaren de toestand van de aarde in de gaten houdt. En die uit al haar metingen van tientallen jaren niet anders kan dan concluderen dat we langzaam maar heel zeker door de bronnen heen aan het raken zijn. Doen we daar dan wat aan? Niet echt, alhoewel velen ons willen laten denken dat dat wel zo is. Merkwaardig is dat eigenlijk. Welk eigenbelang of 'wishful thinking' zit daar toch achter? Ik begrijp daar echt helemaal niets van. Waarom zijn er bedrijven die miljarden winst moeten maken en dat vervolgens uitdelen aan mensen die daardoor nog meer krijgen van wat ze al hebben. Waarom worden er niet eens echt serieuze bedragen weggegeven aan doelen waarmee we met z'n allen op lange termijn iets opschieten. Misschien althans. Maar nee, dat wordt blijkbaar nog steeds niet gezien als goed ondernemerschap. Dat is nog steeds geen onderdeel van de vele regels en wetten die goed leiderschap moeten bevorderen. Als je kijkt

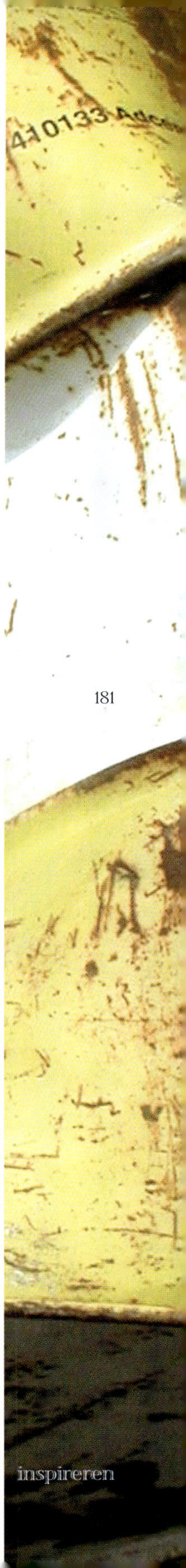

naar hoeveel bedrijven nu echt verantwoord hun positie in de wereld claimen zijn dat er maar verdraaid weinig.

Akkoord, langzaam maar zeker ontstaan er initiatieven, maar dat zijn er veel te weinig. Neem TNT, dat een bijdrage levert aan het World Food Programme. Ik begrijp uit de media dat TNT daar wel 10 miljoen per jaar aan bijdraagt. Deels in diensten. Een superinitiatief, maar een druppel op de gloeiende plaat. Geen kritiek op TNT. Want zij doen tenminste iets. Ik vraag me weleens af hoe haar aandeelhouders zouden reageren op een bedrag van 100 miljoen per jaar? Zou dat de koers negatief beïnvloeden, of zou TNT daarmee een onaantastbare positie veroveren? En zou het daarmee niet echt een leider worden in de wereld...

Een ander voorbeeld. Twee mensen begonnen een bedrijf in kleding. Dat deden ze, ook toen het succesvol werd, vanuit hun rijtjeshuis. Want de winsten die ze maakten gingen niet naar een groter huis. Nee, hun succes gaven ze weg aan kinderen in landen waar die kinderen helemaal niets hebben. Dat is een grote daad. Stil, niet in de pers, maar indrukwekkend. Die twee mensen nemen hun eigen verantwoordelijkheid in een wereld waar het toch meer en meer 'ieder voor zich en God voor ons allen' is. Het is treurig om te zien dat ook op het onderdeel maatschappelijk verantwoord ondernemen wederom veel gesproken wordt, maar veel te weinig gedaan. Want zoals bij vele onderwerpen in dit boek komt het aan op DOEN, en meer nog: DOORZETTEN. De vijfde D! En de meest belangrijke. Want ik houd mijn hart vast wat er gebeurt als TNT eens een jaar iets minder winst maakt. Stopt dan als eerste die bijdrage aan het WFP?

Nooit genoeg

Maatschappelijk verantwoord ondernemen. Een van de vele modieuze onderwerpen van deze tijd. Natuurlijk gaan we dat ook weer meten. En gaan we er weer heel veel over discussiëren. Maar wat we vergeten, en dat is in mijn ogen erg belangrijk, is de vraag hoe onze medewerkers en aandeelhouders daar nu echt over denken. In mijn optiek is het voor de meeste werknemers fantastisch als hun organisatie echt een onderwerp bij de kop pakt. Zoals TNT dat doet. En er veel over praten. Heel erg veel over praten. Niet omdat dat reclame is, waarop dan vervolgens weer wordt neergekeken. Nee, er veel over praten omdat het anderen weer stimuleert om ook wat te gaan doen. Wat is dat stimulerend, die leuke verhalen. Leuke verhalen ja, want dat zijn het. Je wordt toch blij van al die initiatieven van grote, kleine bedrijfjes en zelfs die eenmanszaakjes en particulieren die allemaal iets aan het doen zijn. Want het is nooit genoeg. Laat dat dan ook maar reclame zijn. So be it. Daar zit de wereld niet mee. Misschien die enkele zeurpiet in Nederland, maar de wereld

is dankbaar voor elk initiatief. Neem Net4Kids. Een initiatief dat ervoor zorgt dat elke geschonken euro direct bij het project terecht komt waar het voor bedoeld is. Waar niets aan de strijkstok blijft hangen. En waar je bovendien je eigen project kunt uitzoeken. Fantastisch, wat een positieve energie krijg je daar van. Dat zijn de motivatoren, waar we in onze bedrijven zo vaak naarstig naar op zoek zijn. Ze zijn er veel meer dan we denken. En we geven nooit genoeg, want er is veel te veel nodig.

Nu heb ik het alleen nog maar over dingen die we doen en kunnen doen om de mensen op deze aarde het leven iets aangenamer te maken. Dan hebben we het eigenlijk nog niet eens over die aarde zelf. Naarstig zoeken we naar de laatste oliedruppel. En ja hoor, daar verschijnen de berichten dat er gelukkig toch nog meer dan voldoende olie is. We hoeven ons geen zorgen te maken. Maar tegelijkertijd verschijnen ook de berichten dat de olie statistisch gezien over vijftig jaar op is. En welgemoed openen we weer de ene na de andere kerncentrale. Nee, wij zitten nergens mee. Wij weten het echt beter. Want als de olie en het water op zijn, drinken we toch gewoon mineraalwater. Of niet? Dat is toch ook water. O ja. Tja, maar ook dat lossen we wel op. We ontzilten gewoon al het zeewater. Ja, door het zout eruit te halen. Maar kost dat dan niet erg veel energie? Daar hebben we toch olie voor… of kernenergie. Moeilijk hoor.

Dit is onverantwoordelijk

Kijk eens naar Dubai. Echt een wereldwonder wat daar gebeurt. Een woestijn die zomaar ineens groen wordt. Overal fonteinen, uit de woestijngrond groeien vanzelf honderden appartementgebouwen waar dan vervolgens (hopelijk) honderdduizenden mensen in gaan wonen. Gelukkig drinken die niet, gaan ze niet naar toilet en wassen ze zich ook niet. Je moet er gewoon niet aan denken waar al het water vandaan moet komen. Nou gewoon, uit de zee. Duur? Tijdens mijn laatste bezoek aan Dubai werd mij expliciet medegedeeld dat het daar echt alleen nog maar om geld gaat. En dat investeringen onder de miljard niet meer serieus worden genomen. Kijk, daar gaat dit dus over. Om nog meer te hebben en te krijgen van wat er al in overschot is, blijft de molen dus draaien. En blijft het geld dus op de plaats waar het al lang niet meer nodig is. Maar dat is toch ondernemerschap? Ja, misschien is het zelfs heel erg succesvol ondernemerschap, is het zelfs inspirerend ondernemerschap. Maar het is niet verantwoord. In deze tijd is ondernemerschap, zoals ik het zou willen definiëren, niet meer los te zien van betrokkenheid bij wat er in en met de wereld gebeurt.

Dus als we praten over ondernemerschap bedoel ik daar eigenlijk automatisch verantwoord ondernemerschap mee. Voor velen niet zoveel nieuws. Vroeger had je van die kleine dorpsbakkerijtjes die brood maakten en verkochten, maar die zeker aan de armen gratis brood weggaven. Waarom? Omdat de bakker dat als zijn normale plicht in de maatschappij zag. Een vanzelfsprekende opdracht. Welke plichten hebben we tegenwoordig nog. Veel rechten, maar maatschappelijke plichten? Die horen bij een zeker verantwoordelijkheidsgevoel. Een gevoel dat zo'n bakker eigenlijk automatisch had, want die stond nog midden in de samenleving en had daar direct voeling mee. Maar terwijl de bedrijven groter werden en steeds meer geleid worden door managers die worden afgerekend op kwartaalresultaten, is dat automatische verantwoordelijkheidsgevoel een beetje verdwenen. Diverse keren heb ik het in dit boek over schaamlapprojecten. Projecten, meestal klein van aard, die als doekje voor het bloeden het idee moeten geven dat een organisatie toch heus om haar omgeving geeft. Lees voor de grap eens een jaarrapport van dat World Watch Institute. Niet om blij van te worden overigens. Maar wel om een statistisch idee te krijgen hoe het er in werkelijkheid voor staat. Als je je echt verdiept in hun rapporten, denk je dat er eigenlijk niets meer aan te doen is. Maar in het klein is er heel veel aan te doen. Ik ben ervan overtuigd dat heel veel mensen individueel nog steeds dat aloude verantwoordelijkheidsgevoel hebben. Mensen die wel wat willen doen, die echt wat willen doen. Die willen geven, zowel in geld als in daden.

Aantrekkingkrachten

Ik zal nooit vergeten dat toen ik leiding gaf aan Origin en er op een zekere dag een medewerkster naar me toe kwam met een merkwaardig probleem. Zij had op haar privé-rekening een bedrag staan van ongeveer een miljoen gulden. Dat was niet haar eigen geld. Nee, dat was geld, bijeengebracht in maandelijkse donaties van honderden medewerkers van dat bedrijf. Met de belofte dat het bedrijf dat zou verdubbelen. Het heette het Derde Wereld Fonds, inmiddels omgedoopt tot het Wereld Fonds. Maar het enthousiasme was zo groot onder de medewerkers, dat ze eigenlijk de tijd nog niet gehad hadden om een Stichting op te richten om het beheer te doen. Het enthousiasme was te groot. Zo groot, dat er zelfs mensen bij Origin kwamen werken omdat ze wisten dat het bedrijf zo'n Fonds had. Mensen die per se hun verantwoordelijkheid wilden nemen. Graag samen met anderen en samen met het bedrijf waar ze voor werkten. Door dat initiatief, uit medewerkers zelf ontstaan, ben ik gaan geloven dat bij elk bedrijf, hoe groot of hoe klein ook, veel mensen zitten die meer willen dan wat ze dag in dag uit aan het doen zijn. Die echt waarde willen toevoegen, en die niet alleen waarde willen nemen. Er is een oneindig onbenut potentieel aanwezig om iets aan de situatie in de wereld te doen. Want ook al claimen enkele onverantwoordelijke zielen dan dat er voldoende energiebronnen en voldoende water (om over de rest maar niet te spreken) zijn, toch wordt dat gewoon door de meeste mensen niet geloofd. En terecht, want de aarde heeft slechts eindige bronnen. En die raken snel op. Zo snel, dat het tamelijk eenvoudig te berekenen is wanneer het einde in zicht komt.

Nou, dan zijn we er uit. We willen graag creatief ondernemen en we willen sprankelend inspireren. En wetende dat de meeste medewerkers waanzinnig gemotiveerd raken van het mogen en kunnen leveren van een echte bijdrage aan de wereld. En weet je wat? Klanten willen daar zelfs nog aan meedoen ook, want die raken geïnspireerd van dergelijk gedrag. En nog meer goed nieuws. We kunnen nooit genoeg doen, dus ruzie over wie het mag doen, hoeven we niet te krijgen. We mogen allemaal! Feest dus, het kan niet op. We hoeven het alleen maar te doen. We hoeven alleen de 'aan'-knop maar in te drukken. Wat let ons?

EN WAT NU?

Het kan niet. Een boek over creativiteit, ondernemerschap, sprankeling en inspiratie, vol met schema's, stroomdiagrammen, procedures en harde zakelijke instructies. Of wel soms?

Toch schijnen er mensen te zijn die dat willen. Die precies willen horen hoe hun organisatie veranderd moet worden. De meest gehoorde vraag nadat de eerste druk van 'En nu laat ik mijn baard staan' uitkwam, was: "Leen, kun je ons precies aangeven hoe het moet? Vertel wat we morgen moeten gaan doen." Met die vraag heb ik geworsteld. Want volgens mij staan er in de voorgaande hoofdstukken heel veel voorbeelden en aanknopingspunten waarmee je concreet aan de slag kunt. Maar ik vertel natuurlijk bijzonder graag over het verbeteren van organisaties en ik geef ook graag voorbeelden. Daarom op veler verzoek: vijf extra hoofdstukken die zich richten op het 'wat nu'.

Mijn praktische tips en daadkrachtige voorstellen hang ik op aan de vier hoofdlijnen in dit boek: creativiteit, ondernemerschap, sprankeling en inspiratie. Ook gebruik ik de input, opgedaan in de vele tientallen lezingen en workshops die naar aanleiding van 'En nu laat ik mijn baard staan' gegeven zijn.

Wees gerust, het is geen wetenschappelijk gefundeerde handleiding, want dat druist in mijn optiek volledig in tegen wat je wilt bereiken (een leukere werkplek in een leukere organisatie). Wat centraal staat bij het daadwerkelijk ter hand nemen van de inspiratie, opgedaan uit het lezen van dit boek, is durf. Want hoe komt het toch dat mensen geïnspireerd raken door een boek, maar er vervolgens niets mee doen? De wil is er wel, maar toch gebeurt het niet. Wat is dat?

Gelukkig heb ik er ook last van. Ik wil iets, maar als het puntje bij het paaltje komt, durf ik het toch niet. Ik wil iets aan iemand vertellen, maar ik durf het niet. Bang om te kwetsen of bang om ruzie te krijgen. De wereldreis van zes maanden die ik onlangs maakte met mijn gezin, heeft die houding wel veranderd. Kiezen voor mezelf en daardoor eerlijker zijn tegen anderen is nu veel fundamenteler gevestigd in mijn gedrag. Zo gaf ik onlangs een lezing voor een groep directeuren en topmanagers uit de bouwbranche. Daar sprak ik met hen over de situatie waarin mensen kunnen komen te verkeren als ze een goed plan gepresenteerd hebben aan hun baas die dat dan vervolgens afwijst.

Zonder permissie

Herkenbaar? Het gebeurt toch zo vaak dat iemand een in zijn of haar ogen briljant idee heeft, dat ook nog heeft uitgewerkt en vervolgens enthousiast vertelt aan de baas. Die begrijpt er niets van of wil het niet begrijpen en wijst het af. Tot grote frustratie van de presenterende. In dat proces zit een aantal fundamentele denkfouten. Of actiefouten, zo je wilt. Want het geïnspireerde, briljante plan dat jij hebt bedacht, moet in jouw ogen zo goed zijn dat je het gewoon wilt gaan doen. Sterker nog, dat je het gewoon gaat doen. Niet vragen om toestemming. Maar hup, aan de slag ermee. Het is altijd beter om vergeving te vragen dan om toestemming. En wat is het ergste dat er kan gebeuren? Precies, dat het mislukt en dat je vervolgens ontslagen wordt. En is dat dan erg? Laten we eens even kijken; je hebt je plan uitgevoerd, je bent ondernemend. Stel dat het lukt. Dan vraag je vergeving aan je baas voor het niet vragen van toestemming. Hij zal je blij belonen. Zo niet, dan is het tijd afscheid te nemen.

Stel dat het mislukt. Dan moet je op de blaren zitten en ben je een ervaring rijker. En een eventueel ontslag noem ik een blessing in disguise. Als je de kracht bij jezelf zoekt en dus je eigen lot durft te bepalen, ben je al een heel stuk verder. Als je dus jezelf eens van alles de schuld gaat geven en je afhankelijke positie gaat omdraaien in een onafhankelijke, zul je met veel meer plezier gaan werken. Hoeveel mensen geven anderen de schuld als er iets mis gaat? (Maar nemen graag zelf de eer als er iets goed gaat.) Begin maar eens door alles aan jezelf toe te wijzen; alle goeds, maar ook alle slechts. Door jezelf verantwoordelijk te maken voor alles dat er met je gebeurt, kom je langzaam maar zeker in een onafhankelijke positie terecht.

Onafhankelijk worden van anderen! In je hoofd dan. Ik garandeer je dat dat een enorme vrijheid van denken oplevert. En die vrijheid heb je nodig om allerlei andere dingen te kunnen doen die in deze bijlage beschreven worden. Want ik garandeer je dat daar durf voor nodig is. Ondernemers zijn bij uitstek vrije denkers. Voor mijzelf is de grote drijfveer achter mijn ondernemerschap altijd dat onafhankelijke denken geweest. Zorg ervoor dat je in een onafhankelijke positie terecht komt. Materieel, maar voornamelijk immaterieel.

We hebben het nog helemaal niet over tips en tricks, maar het gaat over de basishouding. De attitude die echt nodig is om met dit boek aan de slag te gaan. En die basishouding heeft inmiddels twee ingrediënten: onafhankelijkheid en durf. En wel in die volgorde. Want zodra je besloten hebt om jezelf van alle goeds en kwaads de schuld te gaan geven (en je dus besloten hebt om onafhankelijk te gaan denken en handelen) heb je vervolgens durf nodig.

Dan gaan we nu aan de slag!

Creativiteit is het tegengestelde van procedureel handelen. Procedures en regels maken organisaties dood. Onlangs sprak ik met iemand die daar een veel mooiere beschrijving voor had. Hij zei dat procedures en regels een organisatie laten 'stollen'. En zo is het precies. Elke zichzelf respecterende organisatie, die bovendien in staat wil zijn zich constant aan de veranderende markt aan te passen, moet flexibel zijn. En een gestolde organisatie, keurig in het gelid, geknipt en geschoren en voorzien van duizenden regels en procedures, is dat niet. Het is mijn overtuiging dat je situaties slechts kunt doorbreken als je rigoureus te werk gaat. En om organisaties creatiever te maken, predik ik dan ook anarchie. Dat is eng! Anarchie, dat klinkt niet veelbelovend. Maar toch moet je het daar zoeken. Om gestolde organisaties uit hun vaste veilige patronen te rukken, moet je gekke dingen doen. De veiligheid die je altijd hebt, is dat de meeste mensen keurig netjes zijn opgevoed. Dus die gaan toch niet zo heel gek doen, want dat 'mag' niet. Het oproepen van anarchie in een organisatie is dus uiteindelijk veel minder eng dan het lijkt. Zie het hoofdstuk 'Leve de anarchie!'

En dan heb je ondernemerschap. Mensen die een eigen bedrijf oprichten, in welke vorm dan ook, noem ik ondernemers, of entrepreneurs. De motoren van de economie, de durfals. Daarnaast heb je ook ondernemers binnen een organisatie. Die noem ik intrapreneurs. Want elke organisatie, profit of non-profit, groot of klein, heeft haar ondernemers nodig. Heeft haar onafhankelijke denkers nodig. Om te overleven op termijn. Want die ondernemers denken aan omzet in plaats van aan kosten. Denken aan buiten in plaats van aan binnen. En of je nou bij de overheid of in het bedrijfsleven werkt; het denken aan buiten, aan de markt, is van levensbelang. Veel moeilijker dan het bedenken hoe het intern allemaal moet.

Volgende thema; sprankeling. Nou, dan wordt het helemaal leuk. Maak je eigen omgeving sprankelend. Is dat makkelijk of niet? Daar zullen we eens lekker egoïstisch gaan worden. Lekker beginnen bij onszelf. Want als wij het zelf niet naar onze zin hebben, dan kunnen we dat van onze omgeving al helemaal niet verwachten. Als je zelf uitgeblust en totaal ongeïnspireerd en energieloos rondloopt dan straalt dat af op iedereen in je omgeving. Kappen daarmee, onmiddellijk.

Ik moest ooit leiding gaan geven aan een bedrijfje dat het op dat moment niet zo goed deed. Een van de regels die dat bedrijfje had ingevoerd, inmiddels een dogma geworden, was dat geen enkele medewerker een vaste werkplek mocht hebben. Want dat was modern en paste bij de zogenaamde nieuwe economie. Dus elke dag werd streng gecontroleerd of je niet toevallig op een plek zat waar je gisteren ook had plaatsgenomen. `als dat zo was, moest je direct achter een ander bureau gaan zitten. Het was duidelijk dat de mensen die elke dag op kantoor werkten daar geen lol in hadden. Het was een koude en kille werkomgeving geworden, die geen warmte en gezelligheid uitstraalde. Een van mijn eerste acties was het inrichten van een ruimte waar ik zou gaan werken. Prettige verlichting, een open haard, een gezellig zitje daaromheen en een vaste werkplek. Daar voelde ik me goed bij. Maar moest ik dan niet het goede voorbeeld geven? Precies, beginnen bij jezelf. Ik voelde me uitstekend. Ik straalde daardoor warmte uit, die andere medewerkers overnamen. En binnen een paar dagen begon men weer met plezier en nieuwe energie te werken in dat eens zo kille kantoor. Met goedkope middelen (Ikea) werd een plek gecreëerd waar mensen het weer naar hun zin hadden. Onderschat dus de plek nooit. Leuke werkplek, met plezier erheen gaan... en dus vele malen productiever. Eenvoudige regel en goedkoop uit te voeren. De werkomgeving sprankelt en de mensen gaan weer glinsteren. Heel, heel simpel.

En dan uiteindelijk: inspiratie. Waarmee kan ik mensen nou eens inspireren? Nadat we teruggekeerd waren van een gezinswereldreis, bleek mij al snel dat duizenden mensen graag wilden horen hoe die trip tot stand was gekomen. Hoe die reis geweest was en wat we ervan geleerd hadden. Zes maanden gewoon maar weggaan. Kan dat wel? Mag dat wel? Is dat niet heel erg duur? Die wereldreis is synoniem geworden voor durven. Het is een case, als we in zakelijke termen willen praten, die aangeeft hoe we weg moeten gaan, hoe we er vandoor moeten gaan. En hoeveel mensen willen er niet uitbreken. Dat hoeft niet per se te ontaarden in een zes maanden durende global journey. Het kan ook gewoon het weggaan bij je baas zijn. Of het beginnen van je eigen bedrijf. Ik heb onze reis als een bedrijf gezien. Als een organisatie, als het weggaan uit de vertrouwde omgeving. En ook wij hebben dat eng gevonden. Inspiratie haal je uit voorbeelden. Inspiratie moet energie geven. En inspiratie haal je altijd uit jezelf. Ik noem dat self-propelling. Mensen die zichzelf inspireren door dingen te gaan doen die zo leuk of uitdagend zijn dat ze zichzelf vooruit helpen.

Ik werd benaderd door een goede kennis die een eigen bedrijf wilde starten. Inmiddels is hij begonnen en het gaat goed. Zijn vrouw vertelde me dat hij zo enthousiast is dat hij van geen ophouden meer weet. Elke dag begint hij vol goede energie, hij kan bijna niet wachten om weer te beginnen. Jammer dat hij ook nog moet slapen. Maar de energie die hij uit zichzelf haalt, is fenomenaal. Volledig draaiend op zijn eigen energie en eigen inspiratie bouwt hij zijn bedrijf op. Inspiratie is dichterbij dan velen denken.

Goed, soms heb je externe inspiratie nodig om te beginnen. Een inspirerend staatsman, een inspirerende baas, een inspirerend boek. Het kan van alles zijn. Maar daarna moet je het bij jezelf zoeken. En als je het vindt dan straal je het ook uit. Word je een energie-gever in plaats van een energie-nemer. En dat wil je toch? In het hoofdstuk 'We gaan op reis; er vandoor!' probeer ik ook aan te geven hoe je inspirerend kunt worden voor je omgeving, waardoor je een energie-gever kunt worden.

Me no guru

Maar dan nog dit. De weerstand die bij mij initieel zat tegen het schrijven van deze extra hoofdstukken met handreikingen is gelegen in het feit dat ik zelf een weerstand heb tegen de betweterige consultants en goeroes die het allemaal wel weten. Die het vaak zelf nooit gedaan hebben, maar die toch heel knap weten te vertellen hoe het moet. Daarom heb ik het over handreikingen. Doe ermee wat je wilt. Ik heb de wijsheid niet in pacht, maar ik heb wel uitgesproken meningen. En die meningen zijn gebaseerd op ervaringen. Over hoe het volgens mij wel en niet moet.

Maar ga vooral je eigen gang. Wetende dat onafhankelijk denken en durf centraal staan. En als je dat weet en realiseert is eigenlijk alles goed. Je moet het zelf weten. En zelf doen. Weet ik veel...

Leve de anarchie!

Na de fusie van twee grote verzekeraars sprak de topman in een interview gedenkwaardige woorden: "Het bedrijf is iets hiërarchischer geworden, er is wat minder vrijheid." Hij zag dat gelukkig als een (klein) nadeel. Want die strengere en striktere regels zie je overal. Bij bedrijfsleven, maar ook bij de overheid. Terwijl vooral die zelfde overheid zich af wil zetten tegen steeds maar meer regels. Met behulp van die regels en wetten proberen we een soort van zekerheid op te bouwen. Een zekerheid die ervoor moet zorgen dat fraude en bedrog geen kans meer hebben.

Allereerst moeten we ons realiseren dat bij de meeste regels wordt uitgegaan van een negatief mensbeeld. Terwijl ik uitga van de regel 'Elk mens is goed totdat het tegendeel bewezen is'. Bovendien moeten we ons realiseren dat we een schijnzekerheid opbouwen met die veelheid aan regels.

Regels, procedures, werkschema's, functiebeschrijvingen en wetten zijn allemaal tamelijk funest voor creativiteit. Ik houd hier geen pleidooi voor het opheffen van die regels (hoewel het er wel veel minder zouden kunnen zijn) maar ik beschrijf een eenvoudig verzet tegen die regels. Laat de regels voor dit moment maar eventjes gewoon bestaan, want opheffen daarvan is veel te moeilijk. Laten we gaan werken aan het iets anders omgaan met diezelfde regels.

Anarchisme. Even opzoeken in de Van Dale. Anarchisme is het streven naar een situatie waarin er niemand is die de leiding heeft. Het woord anarchist beschrijft het nog beter: 'Iemand die zich niet aan wetten en regels van anderen wil houden, omdat hij of zij vindt dat ieder mens eigen baas is.' Kijk, dat komt al iets beter in de buurt van wat ik bedoel. Het komt ook al goed in de buurt van het onafhankelijke denken dat ondernemende mensen kenmerkt. Misschien zijn de meeste echte ondernemers diep in hun hart dus wel anarchistisch. Wie weet.

Korte tijd geleden werd ik door een grote uitzendorganisatie gevraagd om hen te helpen meer creativiteit en ondernemerschap te brengen naar al hun vestigingsmanagers. Want doordat daar te weinig ondernemend werd gedacht, liepen de resultaten terug. Ik kan me daar iets bij voorstellen, zeker als je ziet hoe niet-onderscheidend uitzendorganisaties zijn. Je kent het wel, straatjes met alle uitzendorganisaties op een rijtje. In dezelfde saaie panden met allemaal dezelfde vacatures. Hoe ze het bedacht hebben weet ik niet, maar ze hebben zeker de hoofdprijs gewonnen in saaiheid.
Terwijl een ding zeker is: in een krappe arbeidsmarkt moet je jezelf onderscheiden om nog talent aan boord te krijgen. Dus de vraag die gesteld werd, was zeer legitiem. Ik begon met het bezoeken van drie willekeurige vestigingen (want alle vestigingen wilden enthousiast meedoen aan het project) en sprak daar met alle medewerkers en medewerksters over creativiteit en hun ideeën. Het allereerste dat uit al die gesprekken bleek, was dat er een enorme geestelijke blokkade zat bij bijna alle mensen. Dat bleek uit uitspraken als "Dat mag niet van de directie", "Dat hebben we al eens eerder geprobeerd en is toen mislukt", "Daar hebben we geen geld voor" en "Ik ben niet zo creatief". Heel herkenbaar, maar met dit soort gedachten zul je nooit erg creatief worden en zul je nooit echt out-of-the-box kunnen denken. Dat moest dus opgeheven worden.

Alles mag

Toen ontstonden bij mij de eerste gedachten over anarchisme. Want hoe kon ik die medewerkers nou echt losrukken uit hun oude wereld van regels, frustraties en teleurstellingen? Nadat ik de landelijke directie had voorbereid op mijn anarchistische gedachten, ben ik alle medewerkers gaan meedelen dat alles mocht van mij. Eerst geloofden ze dat niet, maar ik beloofde dat ik de klappen zou opvangen (als die er al zouden komen). Ik besloot alle blokkades weg te halen. "Alles mag", "Maakt niet uit wat het kost", "Je bent heel creatief", "Nog een keer proberen maar", et cetera. Ik hoor jullie al denken: "Ja, maar dat kan bij ons echt niet hoor!" En: "Wat een chaos moet dat gegeven hebben".

De verrassing is dat in de meeste organisaties mensen werken die om te beginnen netjes zijn opgevoed. En die bovendien al lang, soms vele jaren, geconditioneerd zijn door de veelheid van regels van de organisatie waar ze werken. Al na circa drie maanden beseffen de meeste mensen niet meer wat de regels zijn en zijn ze volledig geïntegreerd. Het is niet voor niets dat nieuwe bazen of managers toeslaan in de eerste 100 dagen. Dan zien ze nog heel duidelijk wat er mis is en wat er moet veranderen. Dat onderscheidende vermogen verwatert al heel erg snel. Dus, wetende dat je met keurige mensen te maken hebt, loop je nauwelijks risico met het prediken van anarchisme. Mensen gaan toch geen gekke dingen doen. Terwijl je dat juist wel wilt!

Het is dus echt noodzakelijk om heel hard en ongenuanceerd mensen los te laten breken uit hun vaste patronen. Einstein merkte ook al eens op dat kleine wijzigingen altijd leiden tot dezelfde problemen. Dus als je echt iets anders wilt en echte creativiteit wilt losmaken, moet je mensen met geweld losmaken. Er is geen andere weg.

Elke medewerker die ik sprak, en dat waren er tientallen, kwam binnen een week met tien ideeën. Goede en slechte, rijp en groen. Een ongekende creativiteit, zelfs van mensen die over zichzelf gezegd hadden dat ze niet creatief waren. Sterker nog, van hen kwamen vaak de betere vondsten. Weer alle mensen bij elkaar gehaald, maar nu alle medewerkers van een vestiging tegelijk. Alle ideeën op tafel, om er tien per vestiging uit te halen die onmiddellijk uitgevoerd konden en moesten worden. Let op, belangrijk! We keken dus niet per se naar de beste concepten. Nee, we keken naar de ideeën die morgen konden worden uitgevoerd. Want dan konden we tenminste gelijk beginnen. Weer kwamen tegenwerpingen, zoals "Mag dit nu wel echt van de directie?", maar inmiddels was het enthousiasme zo groot dat mijn opmerking "Van mij mag het" werd geloofd. Want ideeën zonder uitvoering, dat is niks. Innovatie zonder succesvolle implementatie is niks.

Dus van praten naar actie. Panden werden geschilderd, vlaggen ontworpen en opgehangen en veel meer acties werden uitgevoerd die tot groot enthousiasme leidden. En het gaat dan niet per se om die korte-termijnacties. Het gaat erom dat de medewerkers, terwijl ze hun ideeën aan het implementeren zijn, opeens volwaardige onderdelen van de organisatie worden, die trots zijn dat ze mee mogen denken. Veel van de uitgevoerde acties druisten in tegen de regels die keurig in handboeken waren vastgelegd. Nationale en internationale instructies. En wat je daar soms in tegenkomt! In detail beschrijven mensen in de Verenigde Staten hoe panden in Nederland eruit moeten zien. Over geldverspilling gesproken.

Niet terugzakken

Waarom is het zo belangrijk om gelijk tot actie over te gaan en waarom is het dus belangrijk om ideeën daarop te beoordelen? Omdat veel te vaak cursussen, heisessies en keurige plannen niet of zelfs nooit tot actie komen. En medewerkers daardoor snel terugzakken in hun bestaande patronen. Dus snelheid is geboden. En daardoor mis je wel enige nuance en mis je soms ook hele goede ideeën voor de langere termijn. Maar loop niet in de valkuil van genuanceerdheid, draagvlak en andere remmende factoren. Snelheid is een cruciale factor.

Terug naar de uitzendorganisatie. Nadat de drie vestigingen hun soms wilde ideeën hadden gepresenteerd aan de rest van alle vestigingen, ontstond aanstekelijk enthousiasme. Iedereen wilde meedoen. "Jeetje, als dat mag, dan heb ik ook nog wel wat goede ideeën." De kunst is nu dat de directie met zorg en beleid ruimte creëert voor uitvoering en niet meteen afremt. Want afremmen zou het creatieve proces in de kiem smoren. En nogmaals, er gebeuren geen gekke dingen. Want bij deze uitzendorganisatie werken alleen maar keurige mensen...

Creativiteit creëren is eigenlijk hetzelfde als creativiteit toelaten. Allereerst; hoe zet je het proces aan? Want uitzetten is veel makkelijker. Sterker nog, meestal staat het creatieve proces uit, als gevolg van de geestdodende procedures en regels. Je zet een creatief proces aan door aan alle medewerkers te vertellen dat creativiteit cruciaal is voor het overleven van de organisatie. En dat moet je als leider echt menen. Authenticiteit is daarbij belangrijk. Je kunt er posters bij gebruiken, nieuwsbrieven, bijeenkomsten en allerlei andere communicatiemiddelen die je ter beschikking staan. Uitleggen wat het belang is, maar ook vertellen dat iedereen mag en moet gaan meedoen. Niet slechts de creatieve afdelingen, maar iedereen. Van hoog tot laag.

Nodig iedereen uit tot het aanleveren van tien goede ideeën, waardoor de organisatie meer omzet kan gaan maken. Richt creativiteit naar buiten! Want binnen is niets te halen, kort door de bocht gezegd. Binnen is makkelijker en daar richt de organisatie zich meestal toch al op. Om daar iets dieper op in te gaan; naar binnen richten van een organisatie gebeurt meestal en resulteert in allerlei, vaak nuttige, manieren om te bezuinigen. Maar aangezien dat meestal de praktijk is, raad ik aan om de interne zaak helemaal over te slaan en volledig te richten op de markt. De vraag die gesteld wordt aan alle medewerkers is: "Bedenk tien ideeën waardoor onze omzet verhoogd kan worden". Of bij non-profit instellingen: "Bedenk tien ideeën waardoor de relatie met onze klant verbeterd kan worden."

Advies hierbij is om alle grenzen los te laten. Dus alles mag. Regels, procedures, budgetten... niks van aantrekken. Want mensen zullen alles aanpakken om de vraag niet te hoeven beantwoorden. En hier komt anarchie om de hoek kijken. Leiders en managers moeten dus benadrukken dat alles mag. En dat is moeilijk, want in werkelijkheid mag niet alles.

Maar noodzakelijk is dat medewerkers, collega's of zakenpartners begrijpen dat het een free-format creatief proces is, waarbij grenzen niet meer bestaan. Want pas dan krijg je echt veel goede ideeën. Verdeel je organisatie in kleine behapbare eenheden. Maximaal tien personen per groep, anders wordt het onmogelijk om de bedenksels op te volgen. En dan krijg je dus maximaal honderd creatieve oplossingen. De volgende stap is dat je met de hele groep werkt aan de tien beste. Er vallen er dus gewoon negentig af. Dat is nog niet het ergste, maar je moet ook die ideeën selecteren die op korte termijn makkelijk uit te voeren zijn. Dus je gaat niet academisch te werk in die selectie, want dat leidt tot niets. Selecteer simpel uit te voeren ideeën, die weinig kosten en misschien zelfs geld opbrengen. En voer die ideeën met gezwinde spoed uit. Ook al worden daarmee regels overtreden binnen de organisatie. Moeilijk hoor, om dat te doen, want wat betekent dat voor het bedrijf? Nou... niets. Door met leuke, creatieve, productieve ideeën de regels te overtreden, krijg je een ondernemende sfeer. Eindelijk mogen we weer meedoen, zullen medewerkers denken. Dus je haalt de organisatie uit het slot. Het is te simpel voor woorden. Maar het is eng, want management moet durven. Moet willen. Sleutelwoorden zijn hier: Simpel, direct uitvoerbaar, goedkoop, groot effect.

Onlangs werd ik gevraagd een advies te geven over de organisatiestructuur en -cultuur van een bedrijf in electrotechniek. De voltallige directie had het idee dat er iets niet klopte. En dat hadden ze goed gezien.

Het betreffende bedrijf was in de afgelopen twintig jaar verworden tot de meest saaie organisatie in Nederland. Vreselijk, wat een gezapig bedrijf, met keurige procedures, bedachtzame directie en een netheid... je wilt het niet weten. Gelukkig vonden ze dat zelf ook! Met de algemeen directeur voorop; Hoofd Saaiheid. En ook in die titel herkende hij zich. Daar lag dus meteen de sleutel tot de oplossing. Overigens krachtig dat de algemeen directeur dat vond, hij is inmiddels afgetreden.

Gek is leuk

Maar nu de oplossing. Hoe kan een bedrijf zich uit de wurggreep van saaiheid ontworstelen? In twee dagen werd de directie klaargestoomd om gek doen leuk te gaan vinden. Want eigenlijk vind iedereen dat leuk. We doen eens iets dat niet mag. In het bedrijf bestonden veel regels en vastgeroeste gewoonten. Waar is dat niet zo, zou je zeggen. Maar het mooie was nu net dat de totale directie in twee dagen tijd besloot om daar zelf uit te gaan breken. En wat is krachtiger? Gezamenlijk werd een lijst opgesteld van de tien hoofdzonden, de tien meest belangrijke regels van de organisatie. Want de directie kwam tot het inzicht dat slechts voorbeeldgedrag van hen het gehele bedrijf zou kunnen losrukken uit hun historisch bepaalde gedrag. Een dag werd gekozen en een document werd opgesteld. Op die historische dag zouden de medewerkers worden meegenomen naar een andere locatie en zou het gehele kantoor worden heringericht en geverfd. De werkplekken zouden totaal worden veranderd voor alle medewerkers. Qua plaats, maar ook qua uiterlijkheid. Daarnaast zou de directie dingen gaan doen die vroeger niet mochten. Bovendien werd de naam van het bedrijf veranderd. Een totale remake. De shock was groot, en de basis om echt te veranderen was onmiddellijk aanwezig.

Het gebeurt zelden dat een complete directie besluit om gezamenlijk het roer om te gooien. Dat een directie gezamenlijk het bedrijf weer in een creatieve modus wil gooien. Eerst losmaken van de oude gewoontes om daarna de creatieve machine aan te gaan zetten. Ook hier zie je het volgende patroon: bedenk een middel om de organisatie los te rukken uit het oude patroon. Het oude, gestolde patroon, dat voorkomt dat mensen creatief durven te zijn. In mijn ogen is dit het meest rigoureuze middel om de creatieve machine aan te zetten; het totale management gaat creatief, anarchistisch gedrag vertonen...

Ga er voor het gemak maar vanuit dat het creatieve proces in de meeste organisaties uit staat. En met een creatief proces bedoel ik dan een proces in de volle breedte, waarbij alle medewerkers betrokken zijn. Het aanzetten van dat proces moet je met kracht doen. En zeer overtuigend, de angst wegnemend. Stimulerend, omdat de reactie van veel mensen zal zijn dat ze niet creatief zijn. Terwijl ze dat wel zijn. Maar na het moeizame aanzetten gaat er iets gebeuren. Eerst voorzichtig, aarzelend, want mensen durven vaak niet. En dan is het heel belangrijk om de regels even los te laten. Laat het maar even gebeuren. Durft u dat? Of bent u bang dat het bedrijf in een totale chaos terecht komt?

Angsthaas! Van chaos zal geen sprake zijn, want wij Westerse mensen zijn zo gedisciplineerd dat we nooit hele rare dingen zullen of kunnen doen. Dat zijn we na onze jeugd al lang verleerd. Helaas. Dus laat even los. Net zoals een goede coach bij een voetbalelftal. Laat het team zelf zijn werk doen in het veld. Als je op een goede manier het creatieve proces start en de mensen op gang komen, is dat in het begin nog fragiel. Je moet het dus de kans geven om op gang te komen. Laat fouten gebeuren in het begin. Laat regels overtreden worden. Kijk hoe mensen hun eigen grenzen gaan stellen, en probeer niet in te grijpen. Laat het eigenlijk voor je eigen gevoel te ver gaan. En vooral, stuur voor zover je stuurt op praktische uitvoering. Want ideeën zijn pas goed als ze succesvol geïmplementeerd worden. Stuur op snelheid en simpelheid, voor zover je wilt sturen.

Snel successen boeken en die snel communiceren aan alle andere medewerkers. Deel de successen, want die zullen onmiddellijk opgevolgd worden door anderen.

C1	**Zet de creatieve machine aan. Welgemeend.**
C2	**Iedereen doet mee, want iedereen is creatief.**
C3	**Genereer tien ideeën per persoon.**
C4	**Selecteer per team de tien beste.**
C5	**Selecteer op snelle uitvoerbaarheid. Liefst morgen!**
C6	**Negeer voor het moment alle regels.**
C7	**Communiceer de successen.**
C8	**Laat de regels los en wees een coach.**

Hanteer de volgende ‘Wet van Leen’: als je binnen een gestolde organisatie anarchisme stimuleert, zul je in het meest gunstige geval creativiteit bereiken.

Ondernemen
de handreikingen

Het is tenslotte je eigen zaak

Ondernemerschap bestaat binnen een organisatie en daarbuiten. En let op; ondernemers zijn de onafhankelijke denkers die we zo hard nodig hebben. Je eigen zaak kan betekenen: je eigen onderneming. Maar het kan ook betekenen dat het om jezelf gaat. Het gaat jezelf aan... het is in je eigen belang.

Laten we eens beginnen met ondernemerschap in haar meest pure vorm; het opzetten van een eigen bedrijf. Want in eerste instantie had ik gedacht dat 'En nu laat ik mijn baard staan' bedoeld was voor grote en middelgrote organisaties die een beetje leuker wilden worden. Om zodoende meer winst te gaan maken. Maar mij is gebleken dat mensen die net een eigen bedrijf zijn gestart of mensen die juist willen beginnen ook erg veel inspiratie putten uit dit boek. Erg veel mensen zijn in enige mate bezig met het opzetten van een eigen bedrijf. Meestal heeft dat te maken met het hebben van een goed idee waar sterk in geloofd wordt. Onvrede over een huidige situatie is zelden een goede drijfveer. Noch is het verdienen van heel erg veel geld een goede beweegreden. Niet dat veel geld verdienen niet belangrijk is, maar het geeft eigenlijk te weinig energie. Veel geld is leuk (en ik heb veel winst altijd een maatstaf van succes genoemd), maar het is nooit de ultieme motivatie. Waar je elke dag energie uit haalt. Je haalt je energie uit de lol die je hebt aan bijvoorbeeld het sluiten van een deal. Of het ontwikkelen en in de markt zetten van een nieuw product of dienst.

Oppakken van goede ideeën elders in de wereld en die vervolgens kopiëren naar Nederland is een tamelijk simpele manier om te starten. Copy paste, zoals dat heet. Niks mis mee en niks om je voor te schamen. Gewoon kopiëren. De meeste succesvolle starters doen het zo. Lijkt overigens makkelijker dan het is, want je moet wel oog hebben voor realistische kansen. En er lijken altijd veel meer kansen te zijn dan je denkt. Het zien van een kans en het vervolgens succesvol kopiëren en invoeren is zo makkelijk nog niet. Omdat talloze andere factoren een rol spelen, zoals: heb je een goed netwerk in Nederland? Heb je gevoel voor marketing en sales?

Heb je oog voor de maatschappelijke ontwikkelingen die ervoor kunnen zorgen dat een succesvol product in Japan hier geen kans van slagen zal hebben? En vele andere factoren.

Het vinden van een echte killer app, een werkelijk gat in de markt, is veel moeilijker dan het lijkt. En er komt veel meer bij kijken dan de techniek of het product alleen. Het gaat om het totaal.

Maar het blijft de kern; als je voor jezelf een eigen bedrijf wilt beginnen, zul je iets moeten hebben waar je in de basis in gelooft. Zo erg in gelooft dat je zonder meer bereid bent om er alles voor op te geven. Test dat maar eens bij jezelf. En ik heb het hier dus niet over het starten van een eenmans-consultants-bedrijf (want dat is bijna het meest makkelijke en veilige om te beginnen), maar ik heb het over het starten van een echt bedrijf. Met mensen, producten, investeringen. Daar is veel durf en geloof voor nodig. En tijd.

Passie omzetten

Onlangs werd ik gebeld door een jongen die al jaren naast zijn baan bezig was met zijn echte passie. En die vond dat nu het moment gekomen was om die passie om te gaan zetten in een bedrijf. Dat zijn de woorden waar ik in geloof. Passie is de ultieme drijfveer om een bedrijf mee te starten. Daar haal je namelijk veel energie vandaan. Toen hij die woorden gebruikte en vroeg of ik hem wilde helpen, hoefde ik daar niet zo lang over na te denken.
Dus, handreiking O1 is 'Waar zit je passie?' Waar zit je echte droom en ambitie? Waar zit je energiebron? Want die ga je nodig hebben om door te kunnen zetten.
Handreiking O2: 'Hoe houdbaar is je idee?' Ga vooral langs de beste en meest kritische ondernemers. Ga niet teveel naar ambtenaren en bankiers. Laat je adviseren door mensen die het al eens gedaan hebben en niet door lieve vrienden en bekenden. Ga naar de harde doorgewinterde ondernemers. Daar zul je snel merken of je plannen echt wat voorstellen. En daar loop je zelfs de kans om steun te krijgen, financieel of mentaal.
Handreiking O3: 'Dien je ontslag in en begin.' Tja, daar ga je dan. Moet er niet eerst een businessplan komen dan?

Zoals je ziet zijn mijn eerste drie handreikingen fundamenteel anders dan de stappen die vaak in boeken over ondernemerschap vermeld staan. Want daar moet je beginnen met een goed doortimmerd businessplan. Met een prima marketing- en financieel beleidsplan. Lekker gestructureerd, met veel spread sheets en flow charts. Dat voorleggen aan banken en andere mogelijke financiers. Maar ik geloof daar helemaal niet in!

Omdat ik weet hoe belangrijk het is om allereerst je eigen energiebron te regelen (de passie). En omdat ik weet hoe belangrijk het is om te durven (dien je ontslag in, want dan moet je iets gaan doen). Daarna komen de conventionele stappen ook wel aan de beurt, maar kijk naar John Kao. Die had passie, diende zijn ontslag in, huurde een leeg fabriekspand... En begon. En neem van mij aan, ook John schreef een doortimmerd businessplan. Maar toen was hij al begonnen. Dus DOEN komt voor DENKEN. Ik ben een groot voorstander van gewoon maar beginnen. Zonder het inbouwen van allerlei zekerheden. Maar natuurlijk wel met een plan in je hoofd. Want daar is je passie op gebaseerd.

Kijk naar de intrapreneurs; de ondernemers binnen een organisatie. Want die zijn heel erg belangrijk. De marktgerichte, naar buiten gerichte, op omzet gerichte mensen denken vaak veel onafhankelijker. Denken soms ook veel chaotischer. Maar zijn juist daarom erg waardevol. Hoe kun je binnen je organisatie intrapreneurs behouden, of aantrekken. Maar veel meer nog, hoe kun je ze stimuleren. Of, hoe kun je zelf ondernemend worden? De sleutel ligt volgens mij bij het onafhankelijke denken. En bij het diepgewortelde geloof dat fouten gemaakt mogen worden. Want dat is vaak natuurlijk niet zo. Ja, iemand mag best een idee in de praktijk gaan brengen, als het maar goed afloopt. En dus zal er van tevoren van alles aan gedaan worden om de risico's te vermijden.

Shit happens

Weet echter een ding zeker: bij ondernemen weet je het nooit helemaal zeker. Je kunt in iets geloven, je kunt het testen en toetsen bij de meest kritische ondernemers, maar je weet nooit helemaal zeker of het goed zal gaan. Natuurlijk, jij zelf bent overtuigd van je succes. Anders moet je er al helemaal niet aan beginnen. Maar ook al ben je overtuigd, nog steeds kunnen er dingen gebeuren die je niet kon voorzien. Dat hoort nu eenmaal bij ondernemerschap. En daar ligt toch wel een cruciaal element voor organisaties die intrapreneurship willen gaan stimuleren. Dat is dus handreiking O4: 'Fouten maken kan gebeuren.' Soms zeggen mensen: "fouten maken mag." Maar dat is niet helemaal juist. Je moet fundamenteel erkennen dat ondernemende ideeën kunnen mislukken. En dat het dan nog steeds goed is voor de organisatie. Heel erg veel mensen hebben daar moeite mee. Laten die dan lekker niet gaan ondernemen, zou ik zeggen.

Fouten kunnen namelijk voorkomen. Toen de overheid jaren geleden Twinning startte, was het de bedoeling om ondernemerschap te stimuleren. Maar dit initiatief, dat weliswaar geleid werd door een paar rasondernemers, stond onder controle van mensen die fundamenteel

niet toelaten dat er iets mis kan gaan; ambtenaren. En ging er iets mis bij Twinning? You bet. Dat kon je van tevoren zeggen. Er ging misschien zelfs wel meer mis dan goed, maar toch stimuleerde Twinning ondernemerschap op een enorme manier. En dat ging dus goed. Maar omdat er een paar dingen mis liepen, werd het initiatief beëindigd.
En dat mechanisme zie je bij erg veel organisaties. Er is een hulpmiddel voor om dit mechanisme van fouten voorkomen buiten werking wordt gesteld. En dat is dan gelijk handreiking O5: 'plaats je ondernemende activiteiten onmiddellijk buiten de reguliere organisatiestructuur.' Want een organisatie werkt nu eenmaal zoals die gestructureerd is en zal dus de bestaande normen en waarden onmiddellijk toepassen bij het beoordelen en controleren van ondernemende ideeën en plannen. En dat is de dood in de pot. Let wel; ik zeg hier dus niet dat je de bestaande regels en procedures binnen de bestaande organisatie moet gaan veranderen. Integendeel, laat die vooral bestaan en probeer niet wanhopig een ondernemende sfeer te bouwen met regels voor een gestolde organisatie. Nee, maak het jezelf makkelijk en plaats ondernemerschap buiten die structuur van degelijkheid. Plaats ondernemers organisatorisch, maar ook fysiek buiten de bestaande organisatie.

Streng doch rechtvaardig

En handreiking O6: 'Behandel de intrapreneurs alsof het extrapreneurs zijn.' Laat ze, net zoals echte ondernemers, voelen wat het is om te slagen en te falen. Wees bikkelhard, net zoals de doorgewinterde succesvolle ondernemers allemaal zijn. Wees eerlijk en fair. Wat betekent dat? Bij falen leiden de intrapreneurs daar zelf ook onder. Net zoals in het echt. In de echte buitenwereld kun je persoonlijk failliet gaan. Misschien hoef je het zo erg niet te maken, maar als er geen dreiging is bij falen dan wordt het allemaal een zoetsappig spelletje.

Toen ik Bolesian had, maakten wij eigenlijk nooit verlies in de beginjaren. Dat kon namelijk niet, want dan zouden we failliet gaan. Wij hadden geen suikeroom of geheime financiële bron. Wij stonden er helemaal alleen voor, want de banken zagen er niets in. We hadden maar een echte concurrent en die heette BSO/AI. Een afdeling van het succesvolle softwarebedrijf BSO van Eckart Wintzen. Eckart vroeg mij ooit eens hoe het toch kwam dat zijn BSO/AI altijd maar verlies draaide en wij altijd winst. Het antwoord was simpel; wij konden ons niet permitteren verlies te draaien, want dan waren we er geweest. Maar de verliezen van BSO/AI werden gewoon aangevuld door de moederorganisatie. En daarmee werd de kern van ondernemerschap de nek om gedraaid. Dus, behandel je intrapreneurs altijd keihard, zoals de echte markt dat ook zou doen. Overigens betekent dat ook dat je ze ruimhartig in de winst moet laten delen. Want dat doet de markt ook tenslotte. Dus bij enorme winsten of succesvolle verkoop van een ondernemende afdeling profiteren de intrapreneurs mee, zoals dat in het echt ook geweest zou zijn. Je ziet al, het is dus eigenlijk noodzakelijk om de intrapreneurs buiten je organisatie te plaatsen. Of op zijn minst aan de rand daarvan. Laat de intrapreneurs voelen dat het hun eigen zaak is. Want dat wil je toch?

O1	**Waar zit je passie?**
O2	**Hoe houdbaar is je idee?**
O3	**Dien je ontslag in en begin.**
O4	**Fouten maken kan gebeuren.**
O5	**Plaats je ondernemende activiteiten onmiddellijk buiten de reguliere organisatiestructuur.**
O6	**Behandel de intrapreneur als extrapeneur.**

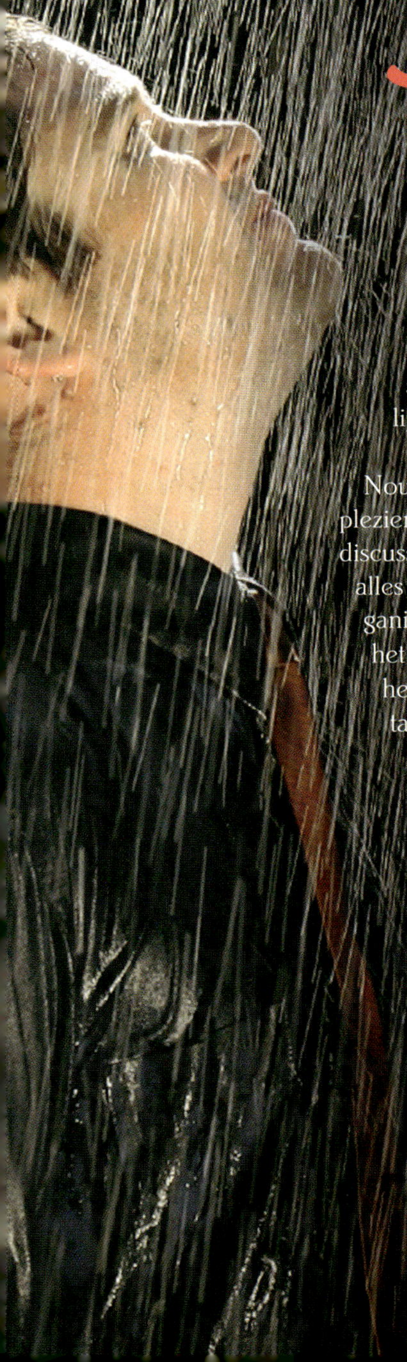

Sprankelen in

Fijn dat iedereen in Nederland in een sprankelende organisatie werkt. Waar je elke dag opgewekt heengaat en waar anderen van zeggen: “Ik wou dat ik daar ook mocht werken”. Denk eens bij jezelf na, werk jij in een sprankelende organisatie? Of vraag je je af, waar dat eigenlijk voor nodig is?

Nou, de gouden regel is dat organisaties waar mensen met plezier werken meer winst maken. En daar gaan we niet over discussiëren, want als je zelfs die simpele regel niet gelooft, is alles verloren. De bittere waarheid is dat er helaas erg veel organisaties zijn waar elke vorm van sprankeling ontbreekt. Waar het leuk maken van de organisatie geen thema is. Maar waar het tegelijkertijd bijvoorbeeld wel een thema is hoe nieuw talent wordt aangetrokken. De oplossing daarvan wordt dan vaak gezocht in slimme wervingsadvertenties of creatieve acties, waarbij sollicitanten in een showroom of iets dergelijks hun kennismakingsgesprekken voeren. Dat al dat soort van zaken creatief en leuk is, staat buiten kijf. Maar zodra het talent is aangetrokken, komen ze vervolgens weer in de bittere waarheid terecht; een slaapverwekkend bedrijf.

Is het dan zo moeilijk om een beetje sprankeling in te voeren, waardoor de organisatie leuker wordt? Welnee, het is juist heel erg makkelijk. Mits je er aandacht voor hebt en het belang ervan inziet. Zo zijn we al verrassend snel bij handreiking S1: ‘Vind het belangrijk dat je organisatie leuk is en sprankelt en vertel

een handomdraai

dat aan iedereen.' Let op, als je dit alleen maar vertelt omdat ik het zeg (en je het eigenlijk maar onzin vindt) dan mislukt deze actie en kun je het maar beter niet doen.

Sprankeling heeft binnen een organisatie te maken met fun. Het leuk maken, het zorgen dat mensen met plezier hun werk doen in een omgeving die er leuk uitziet. Dat zal wat kosten, hoor ik je al denken. Nee hoor, het is waarschijnlijk zelfs goedkoper dan hoe het nu vaak gaat.
Laat me dat maar eens even uitleggen. Tot mijn grote verbazing laten veel organisaties zich vaak verleiden om in saaie standaard kantoorgebouwen te gaan zitten. Natuurlijk wordt als eerste gekeken naar de huurprijs per vierkante meter en dat moet 'marktconform' zijn. Dan zijn we tenminste gedekt bij vragen van de accountant of commissarissen. Vervolgens komt de locatie aan de orde en daarna de inrichting. Niet te luxe, want ook dat kan tot vervelende vragen leiden. Over transparantie en compliance gesproken. Tja, ziet er allemaal keurig uit, zou je zeggen. Zo hoort dat toch. Dat leidt toch tot een sprankelende werkomgeving?
Ik garandeer je dat bij keuze en inrichting van werkplekken de meeste medewerkers niet betrokken worden. Want dat zou me een chaos geven! Maar dit brengt ons tot handreiking S2: "Creëer een leuke werkomgeving, waar mensen graag willen zijn".

Een van mijn bedrijven betrok ooit een oud schoolgebouw. Voorheen huisvesting van de lagere school van Den Dolder. Goedkoop zeg... en leuk! Klanten

kwamen er met plezier heen. Sterker nog, klanten vroegen of ze het pand konden huren voor ontmoetingen met hun eigen klanten. En waarom? Omdat ze dan eindelijk eens uit hun eigen saaie omgeving weg waren. En in een inspirerende ruimte kwamen. Merkwaardig toch eigenlijk. Een goedkoper pand, echt stukken goedkoper, creatiever en veel leuker. Sprankelender.

Over de inrichting nog even dit. Wij gingen niet naar een dure kantoor-inrichter, maar kwamen er al snel achter dat het veel goedkoper was om tafels en stoelen bij Ikea te gaan halen. Zelfde of betere kwaliteit (wat overigens altijd bestreden zal worden door de professionele kantoor-inrichters, logisch) en een derde van de prijs. Leuker en goedkoper. Wauw!

We hebben dus een goedkoop pand, een goedkope inrichting, aantrekkelijkheid voor onze medewerkers en een grote aantrekkelijkheid voor onze klanten. Wordt onze werkomgeving zowaar een asset. En kan dat alleen maar met kleine pandjes? Welnee, er staan talloze grote fabriekshallen en loodsen leeg waar je wat mee kunt. Wat je hier doet is niet het bewandelen van de gebaande paden. Met een commissie huisvesting die keurig werkt volgens standaards en procedures. De werkomgeving laten sprankelen is leuk om te doen, is erg makkelijk en bespaart ongelooflijk veel geld. En dat zijn toch dingen die we graag willen? Maar let er dan wel op dat je ook de bestaande huisvestingsmensen even omzeilt. Gaat het nog sneller ook.

Het is mijn ervaring dat de fysieke werkplek voor veel mensen heel erg belangrijk is. De stroming die rond het jaar 2000 sterk opkwam om mensen flexplekken te geven is een beetje voorbijgegaan aan de energie die mensen uit hun werkplek halen. Mits die plek dan ook energie geeft. En dat is vaak natuurlijk niet zo. Revitaliseer de werkplekken en ervaar hoe sprankelend dat kan werken.

Een sprankelende organisatie onderscheidt zich ook van anderen. En in een wereld van schaars talent en een 'war for talent' is dat niet onbelangrijk. Bovendien zijn we er inmiddels achter dat jonge mensen veel meer waarde hechten aan plezier op het werk en aan sprankeling dan aan degelijkheid en een keurig pensioenplan. Die verandering is echt opzienbarend groot.

Rond het ego

Maar hoe maak ik mijn organisatie sprankelend? Het antwoord ligt besloten in het woord egoïsme. Net zoals het woord anarchie heeft deze term een schijnbaar negatieve impact. Maar ook hier zullen we even doorheen moeten. Vraag eens aan jezelf hoe volgens jou jouw organisatie eruit moet zien. En hoe je eigen werkplek eruit moet zien. Als je bij jezelf begint, is het vaak een stuk makkelijker dan als je gaat nadenken over hoe de anderen het vinden. Begin bij jezelf en maak het zoals jij het wilt. Dan is dat alvast in orde. Jij voelt je daar goed bij en dat straal je uit. De kans is groot dat daardoor de anderen het ook leuker vinden.

Handreiking S3: 'Maak het leuker, begin bij jezelf.' Beschrijf hoe jij het wilt hebben en ga dat doen. Dan heel wat anders. Hoeveel organisaties vieren hun successen nog? Ja, misschien een gebakje bij een overname of champagne aan het eind van een goed jaar. Maar hoeveel organisaties vieren elk succes? Zodanig dat het anderen stimuleert om hun successen te melden en om successen te boeken. Een van de bedrijven waaraan ik leiding gaf, had het zogenaamde 'joepie-moment' ingevoerd. Een joepie is het gevoel dat iemand heeft wanneer hij een succes heeft geboekt. Toen we dat invoerden vonden de senior medewerkers het een beetje kinderachtig, maar ook zij werden meegesleept door het aanstekelijke en sprankelende ervan. Een ander bedrijf waar ik heb gewerkt, had hetzelfde gedaan, maar in een andere vorm. Voorin het gebouw hing een grote bel. Elke nieuwe order of nieuwe klant werd gevierd door de bel te luiden. Dat klonk door het hele gebouw. Iedereen kreeg een goed gevoel als de bel geluid werd, en de persoon die de bel luidde kreeg de grootste kick. Vier dus uitgebreid de successen met elkaar.

Tot nu toe hebben we het nog niet over dure acties gehad. Het heeft met aandacht en plezier te maken. Want geloof me, teveel plezier heb ik een organisatie nog nooit zien maken. Dus een teveel aan plezier zul je niet gauw meemaken. Goed nieuws mag altijd. Daaraan gekoppeld heb ik de regel dat er op een voicemail of sms-bericht nooit slecht nieuws of ruzie mag worden gezet. Welke handreiking is dit? Handreiking S4: 'Goed nieuws breed verspreiden, maar slecht nieuws alleen persoonlijk brengen. Bij de persoon voor wie het bedoeld is.' Wat zal dat een sprankeling brengen zeg…

Sprankeling, of de optelsom van allerlei kleine sprankelingetjes, kost weinig en is eenvoudig te realiseren. Ligt dicht bij jou en soms zo dichtbij dat je het niet meer ziet. Maar sprankeling wordt door iedereen gezien. Ook door je klanten. Sterker nog, je kunt je klanten er ook bij betrekken.

Van binnen naar buiten

'Extern gaat altijd voor intern', is de vijfde handreiking. Klanten betalen ons salaris en zonder klanten is er geen business. Geldt ook voor de overheid, want zonder burger geen belasting en zonder belasting geen salaris. Dus een klant gaat altijd voor en een klant heeft altijd gelijk, ook al heeft hij geen gelijk. Dan geef je hem gelijk. In veel organisaties wordt er niet zo rigide over klanten gedacht. En gaan interne budgetmeetings altijd voor. Of een afspraak met je baas gaat altijd voor een afspraak met een klant. Toen ik de baas was bij Origin had ik het op me genomen om de intern/extern-regel zelf te gaan controleren. Ik liep dan regelmatig de vele vergaderzaaltjes in en vroeg dan "Is deze vergadering intern of extern?" Als de vergadering intern was, ging ik erbij zitten om af te ronden. En als het extern was maakte ik kennis met de klant. Die dat altijd zeer op prijs stelde, zeker als ik uitlegde waarom ik de vraag stelde. Dat intern of extern is makkelijk in te voeren. Bij mij zit het zo in mijn systeem dat me onlangs het volgende overkwam. Ik had als klant een algemeen directeur van een groot bedrijf dringend nodig en belde diens secretaresse. Die meldde me dat meneer zo-en-zo in gesprek zat. Per ongeluk floepte de vraag "Intern of extern" eruit. De secretaresse was zo verbaasd over de vraag dat ze onmiddellijk antwoordde: "Intern." "Dan kun je hem wel storen", zei ik. En ze verbond me door. Ik heb haar later wel uitgelegd waar die merkwaardige vraag vandaan kwam. Zij had het onmiddellijk begrepen en vond het leuk. Maar organisaties waar de klant niet centraal staat, zouden het niet zo goed hebben opgevat. Elke zichzelf respecterende organisatie stelt de klant centraal, maar dan wel nadat het interne allemaal achter de rug is. Het centraal stellen van de klant maakt elke organisatie scherper, leuker, avontuurlijker en sprankelender. Voor zichzelf, maar vooral ook voor de klanten.

Humor zorgt ook voor veel sprankeling. Humor en relativering, maar dat is vaak ook een vorm van humor. Humor zorgt voor lachen en lachen is sprankeling. Bij veel organisaties lijkt het alsof humor niet mag. Het moet allemaal serieus zijn en beheerst. Alsof dat professioneel is, want dat is vaak de achterliggende reden. Een professionele organisatie is een organisatie waarin iedereen weet wat hij of zij moet doen en daar bovendien goed toe in staat is. Maar een andere definitie van professionaliteit is het hebben van een strak georganiseerde en gecontroleerde organisatie. Uitgaande van het slechte in de mens ontstaat dan een wantrouwige organisatie waarin relativering en humor als zwakheden worden opgevat. De eerder genoemde gestolde organisatie ontstaat.

Als leider van een groot bedrijf besloot ik de volgende 1 aprilgrap uit te halen. In de vroege ochtend van 1 april zette ik een klein bureau en stoel in de lift van ons hoofdkantoor. Een klein stoeltje erbij en daar heb ik een paar uur doorgebracht. Elke medewerker of groep medewerkers die in de lift stapte, kreeg met een werkende algemeen directeur te maken.

Dat was raar, en er werd nog maanden over gesproken. Soms nodigde ik medewerkers uit om plaats te nemen en had ik een kort gesprek. Werd zeer gewaardeerd. Om aan te geven dat ik als hoogste baas ook gek mocht doen en niet zo belangrijk was als wel eens leek. Want erg veel leiders vinden ook echt dat ze belangrijk zijn. En gaan ineens serieus doen en ander gedrag vertonen. Raar hè?

Handreiking S6: 'Managers zijn niet belangrijker dan alle anderen en moeten het voorbeeld geven bij relativerend en humorvol gedrag.' Wat mij opvalt, is dat de beste CEO's die ik ken vaak ook een goed gevoel voor humor en relativering hebben. De namaakbazen hebben dat niet en houden zich krampachtig vast aan een imago dat van geen kanten klopt. Relativerende en humoristische managers staan aan de basis van sprankeling. Gekke onverwachte dingen doen, is al snel humoristisch.

Zoek een pronkstuk

Naast humor is ook trots een belangrijk element bij sprankeling. Een bedrijf waar de medewerkers trots zijn sprankelt meer dan een bedrijf waar men zich schaamt om er te werken. Op een verjaardagsfeestje vol vuur over je bedrijf vertellen sprankelt en dat straalt af op de luisteraars. Beter dan dat je uitgebreid op je eigen organisatie zit af te geven. En trots moet je opbouwen. Daar moet communicatie en marketing ook op gericht zijn. TNT is trots op de steun die zij geven aan het World Food Programme. Medewerkers praten daar vol trots over en in de loop der jaren is de markt het ook enorm gaan waarderen. Naamsbekendheid hangen aan een diepere waarde kan zorgen dat mensen trots worden op een organisatie. Dat de organisatie trots wordt op zichzelf. ING sponsort de Formule 1; dat zorgt ongetwijfeld voor een betere naamsbekendheid, maar veel dieper dan dat gaat het natuurlijk niet. De brede naamsbekendheid hangt niet aan een waarde waar de wereld wat mee opschiet. En dat is jammer als er zoveel geld wordt uitgegeven. Want ook alle medewerkers zien de campagnes. Vaak wordt dat vergeten, want tja, het gaat toch om naamsbekendheid. En de medewerkers kennen de naam. Terwijl het duidelijk is dat alle campagnes een bijdrage kunnen leveren aan de trots op het bedrijf. Met als gevolg een sprankeling. Handreiking S7: 'Zorg dat jouw organisatie trots uitstraalt. Zorg dus dat er iets is om echt trots op te zijn!'

Sprankeling bestaat uit talloze kleine sprankelingetjes. Zoals een diamant bestaat uit talloze flonkerende vlakjes, zo moet je ook sprankeling beschouwen. Het is de optelsom van alle mooi geslepen vlakjes die de diamant laat flonkeren. En het is de optelsom van alle kleine leuke dingetjes die een organisatie laat sprankelen. Het is dus een heleboel dat je moet doen, maar het zijn allemaal kleine dingetjes. Kleine stapjes. En als je te maken hebt met een doffe organisatie, is het niet zo moeilijk om daar enige sprankeling in aan te brengen. Maar je kunt er daarna bijna oneindig mee doorgaan. Daarom zijn de handreikingen in dit hoofdstuk slechts een hele kleine opsomming van de dingen die je kunt doen. Als je de smaak te pakken hebt, kun je er zelf nog vele bij bedenken. En zo heb je in een handomdraai een veel leukere, sprankelender, organisatie.

S1	**Vind het belangrijk dat je organisatie leuk is en sprankelt en vertel dat aan iedereen.**
S2	**Creëer een leuke werkomgeving, waar mensen graag willen zijn.**
S3	**Maak het leuker, begin bij jezelf.**
S4	**Goed nieuws breed verspreiden, maar slecht nieuws alleen persoonlijk brengen. Bij de persoon voor wie het bedoeld is.**
S5	**Extern gaat altijd voor intern.**
S6	**Managers zijn niet belangrijker dan alle anderen en moeten het voorbeeld geven bij relativerend en humorvol gedrag.**
S7	**Zorg dat jouw organisatie trots uitstraalt. Zorg dus dat er iets is om echt trots op te zijn.**

We gaan op reis ...

Inspireren; iedereen weet wat dat is. Iedereen heeft ook wel eens iets dat hem of haar inspireert. Is het een boek, een persoon, een bedrijf of een bepaalde omgeving. Je voelt het onmiddellijk. Dus toen ik nadacht over het geven van handreikingen over inspiratie kon ik eigenlijk niet anders dan denken over de metafoor van de wereldreis die ik zojuist gemaakt heb met mijn vrouw en mijn kinderen. Dat gaat namelijk over iets dat blijkbaar een hoop mensen inspireert, maar het gaat ook over de durf die nodig is om los te laten. Loslaten om er vandoor te gaan. Niet op de vlucht voor iets, maar met het meenemen van jezelf. In dit hele boek wordt vaak aangegeven hoe belangrijk het is om voor jezelf te kiezen. Maar wordt tegelijkertijd aangegeven hoe moeilijk dat is. Er bestaan talloze boeken over durven en zelfs over doen, maar dat neemt niet weg dat het moeilijk blijft. Je hebt inspiratie nodig om het te doen. Daarom begint dit hoofdstuk met de wereldreis.

Al vele jaren wilden we eens een lange tijd weg. Om onze kinderen te laten zien dat de wereld groter is dan Nederland alleen. Maar ook om ze te laten zien hoe rijk we het hier hebben. Om zodoende hun normen en waarden te verbreden. Ze te laten voelen dat de discussies die we in Nederland vaak hebben over zogenaamd belangrijke zaken eigenlijk niet belangrijk zijn. Dat er in de wereld mensen wonen van allerlei kleur, allerlei ras. En dat die mensen voornamelijk armer zijn dan wij. Om te laten zien dat Nederland heel erg schoon is in vergelijking met de rest van de wereld. Om de natuur te ervaren die over vijftig jaar anders zal zijn. Om te laten zien hoe er in andere werelddelen vervuild wordt. Maar ook om te ervaren hoe prachtig de rest van de wereld is. Kortom, om hen en ook onszelf een ervaring te geven die je leven bepaald. Want toen ik zelf zeventien jaar was en een jaar naar de Verenigde Staten ging, was dat een dusdanige ervaring dat die ook mijn hele verdere leven bepaald heeft. Maar wanneer ga je dan weg? En hoe moet dat betaald worden? En ga je dan ontslag indienen? Mogen de kinderen wel mee en weg van school? En hoe plan je dat?

Zit er aan vast

Vragen, vragen, vragen die er meestal toe leiden dat er niet gereisd gaat worden. Want het is inderdaad het meest makkelijk om maar gewoon niet te gaan. Smoesjes om niet te hoeven gaan zijn snel bedacht. Wij beschermden onszelf door in januari van 2007 te beslissen dat we in juni van datzelfde jaar zouden gaan vertrekken. Heb je dan genoeg tijd om alles te plannen? Nee, maar de druk is zo groot dat je weinig tijd hebt om je te bedenken. Want weet je wat, als je aan de directeur van de lagere school verteld hebt dat je in juni gaat vertrekken, dan moet je eigenlijk wel gaan. Zet jezelf onder een onredelijke druk en maak de tijdslijn eigenlijk onrealistisch kort. Je krijgt het dan zo druk met de organisatie dat je eigenlijk geen tijd meer hebt om je te bedenken. Want al snel zit je in een serieus gesprek met de onderwijsinspectie en kun je echt niet meer terug. Je dient dan in februari je ontslag in voor juni en dan is het hek van de dam. Je moet ineens weg, of je wilt of niet. Hebben wij daarna weleens getwijfeld of onze beslissing om weg te gaan de juiste was? Natuurlijk, heel vaak zelfs. Maar onderwijl hadden we het heel druk met het maken van planningen en vergaten we de twijfel snel. Want we moesten tenslotte toch ergens overnachten in Peru. Een veel pregnanter probleem.

En zo gaat het ook met alles dat in dit boek staat. Veel dingen zijn zo eng om te doen dat je er niet teveel over moet nadenken. Om onszelf nog meer onder druk te zetten, bedachten we nog veel meer dingen waardoor er geen weg terug meer was. We besloten een boek te maken van de reis en vonden een uitgever. En via die uitgever kwam er een gesprek op gang om met National Geographic Junior twaalf extra digitale edities te maken over de twaalf landen die wij tijdens de reis zouden aandoen. We zochten sponsors voor die extra edities en dat moest dus ook doorgaan. We zaten er gewoon aan vast. Er was geen weg meer terug. Tenslotte bedachten we samen met Nemo (een educatieve attractie in Amsterdam waar op speelse wijze kennis gemaakt wordt met een wereld vol wetenschap en technologie) een tentoonstelling en vonden we daar nota bene sponsors voor. Het begon zowaar op een bedrijf te lijken. En daar voelde ik me wel weer een beetje in thuis. We bedachten een naam, de Travelkids Expedition. En aangezien de Nederlandse reisorganisatie SNP de naam Travelkids hanteerde, kregen we ook een serieuze link met hen. Binnen drie maanden stond er een klein bedrijfje, onze wereldreis, die de naam Travelkids Expedition had gekregen.

"Ja maar, dat kan ik ook als ik veel geld heb." Ook een veelgehoord excuus om niet te gaan. Met vijf personen drie weken Costa Rica kost circa vierduizend euro. Per persoon? Nee, voor de hele groep. Hoe beter je een land wilt verkennen, hoe dichter je bij de mensen moet staan en hoe goedkoper de reis is. Ticket rondom de wereld, alle vliegreizen bij elkaar: ongeveer tweeduizend euro per persoon. Toegegeven, gratis is het allemaal niet. Maar in plaats van een nieuwe keuken in je huis kom je al heel ver. Even de oude auto erin houden en hup, je bent weg. Dus daar ligt het allemaal niet aan.

Niet iedereen kan zich dit permitteren, maar erg exclusief is het nou ook weer niet. Vooral niet in dure hotels en resorts gaan zitten, want dat is en onbetaalbaar en je ziet niet echt het karakter van de landen die je bezoekt. Alle resorts zijn hetzelfde. Allemaal even mooi en geen van allen representatief voor de wereld. Het moeilijkst is het eindigen van je banen. Want hoe moet dat dan als je terug komt? Nou, dan begin je toch gewoon weer met iets veel leukers. Je wilde toch altijd al weg waar je zat. Maar die zekerheid. Die schijnzekerheid, die houdt je tegen.

Terug van de reis doen we weer leuke dingen. Werken we weer, maar nu op een leukere plaats. Verdienen we eigenlijk meer. Hebben we een onvergetelijke tijd gehad met de kinderen. Want welk gezin heeft nou ooit zes maanden lang dag en nacht met elkaar doorgebracht? Vierentwintig uur per dag. Alles samen doen. Tijdens onze reis overleed mijn vader plotseling en dat leerde me dat elke dag er een is. Hoeveel mensen plannen niet de meest fantastische ambitieuze zaken… maar wel later. Wij hebben dit geschenk van zes maanden samen gehad en dat blijft altijd onze levens bepalen. De kinderen zijn veranderd zonder dat ze het zelf weten. Het was goed.

Ik heb ontdekt dat onze wereldreis, als ik erover vertel, erg veel mensen inspireert. Eerst dacht ik dat het mensen inspireerde om ook op wereldreis te gaan. Maar daarbij had ik het fout, want het inspireert mensen om te gaan doen wat ze eigenlijk willen. Het inspireert mensen om zichzelf te gaan inspireren. Dat klinkt leuk!

Hoe ga je om met inspiratie binnen je eigen organisatie? Een beetje hetzelfde als met zo'n droomreis. Allereerst, inspiratie is erg belangrijk. Ik kan me geen manager voorstellen die niet kan inspireren. Wat doet die manager dan? Managen? Wat is dat? Regelen dat alles volgens de procedures gaat? Nee, managen is zorgen dat de organisatie voldoende energie heeft en in staat is die energie vast te houden. Managers inspireren hun medewerkers tot het behalen van prachtige prestaties. Helpen hun medewerkers om boven zichzelf uit te stijgen. En zo bouwen ze hele organisaties die inspireren. Eerst de medewerkers inspireren en daarna ook de klanten. Want een geïnspireerde, energieke organisatie inspireert ook de klanten. En dat ultieme gevoel wil je bereiken.

De wereldreis had de merkwaardige volgorde DOEN en dan pas DENKEN. Dat geeft veel meer energie dan eerst een onderwerp kapot te denken. We hebben in de meeste organisaties al zoveel nagedacht dat we nu eerst maar eens moeten gaan doen. Doen inspireert meer dan denken.
Handreiking I1: 'Waar haal jij je inspiratie vandaan?' Een goede vraag om mee te beginnen. De gedachte aan onze reis alleen al was inspirerend. Maar het doen, het plannen en het opzetten van die reis was vele malen inspirerender.

Handreiking I2: 'Dus, zodra je weet waar je inspiratie vandaan komt, moet je die eigenlijk onmiddellijk in daden omzetten.' Want inspiratie begint toch bij jezelf. Of je nu manager bent of niet.

Lekker belangrijk?

Mijn dochtertje vroeg me ooit eens wat of wie nou eigenlijk belangrijke mensen waren. Mensen met veel geld? Of waren dat mensen die de baas van een land waren? Lijkt een makkelijke vraag... Ik kom hierop omdat wij tijdens onze wereldreis projecten bezochten waar arme kinderen geholpen werden door vrijwilligers, zoals een straatkinderenproject in Ecuador en een onderwijsproject voor kleuters in Peru. Hoog in de bergen, ver weg van iedereen. Die kinderen hadden helemaal niets. Geen ouders, geen kleren, geen eten, geen liefde. Onze kinderen zagen dat onmiddellijk en het maakte een diepe indruk. "Kijk, die kinderen lopen zomaar op blote voeten."

In Peru werden we een dag rondgeleid door de Andes op circa 4500 meter. De manager van een groot kleuteronderwijsproject leidde ons rond en toonde ons de schooltjes die zij hadden aangelegd. Al vele jaren werkte hij met die kinderen, die zo ver weg zaten van de overheid (van Lima) dat ze gewoon vergeten waren. Letterlijk! Wat een bijzondere dag. Die man, Walter, was een belangrijk man. Dat kon ik meteen aan mijn kinderen uitleggen. Walter was belangrijk voor die duizenden kleine kinderen. Geen Walter, geen onderwijs. En dus geen toekomst. Dat was pas een echt belangrijke man. Levensbelangrijk. Voor mij een buitengewoon inspirerende man, die zijn eigen welvaart gewoon aan de kant schoof voor het welzijn van die duizenden kinderen. Inspirerende mensen hoef je dus niet te zoeken onder beroemde, hooggeplaatste mensen. Inspirerende mensen heb je op alle niveaus. Mensen die vanuit hun passie echt iets wezenlijks toevoegen aan de wereld. Dat inspireert!

Mensen halen energie uit het mogen najagen van hun dromen en ambities. Want elk mens heeft interne energie waarmee hij of zij zichzelf kan inspireren. En dat wil je als organisatie aanboren. Even terug naar handreiking I1, het zoeken naar je inspiratie. Je kunt dat dus het makkelijkst doen door het dicht bij jezelf te zoeken. Natuurlijk, je kunt kijken naar personen of andere dingen buiten jezelf. Maar als je de inspiratie binnen jezelf vindt, dan boor je gelijk je eigen energiebron aan. Bijvoorbeeld, ik wilde altijd al die wereldreis maken. Het oppakken van die droom en het uitvoeren daarvan geeft dan altijd energie. Of, ik wilde altijd al wandeltochten organiseren. Het daar onmiddellijk mee beginnen en foldertjes maken ter verkoop van die tochten geeft enorm veel energie. Is die energie dan hetzelfde als inspiratie? Ik denk van wel. Het is in ieder geval dezelfde energie die je krijgt als je door een externe bron geïnspireerd wordt. Alleen, nu komt het uit jezelf. En als je zo geïnspireerd aan het werk bent, straal je die energie ook af op je omgeving. Je gaat nu dus anderen inspireren. Zo werkte dat ook met die wereldreis van mij.

Het gelijk in daden omzetten (handreiking 12), het gelijk doen, kan op de volgende manier worden ingevoerd in een bedrijf. Ieder mens heeft dromen en ambities. Soms een beetje weggestopt of vergeten, maar altijd wel aanwezig. En dat kan variëren van grote dromen als 'Ik wil minister president van Nederland worden' tot kleine dromen als 'Eens in mijn leven wil ik een taart bakken'. Als je dan weet dat iedereen die dromen en ambities heeft, laat ze die dan eens omschrijven. Laat je medewerkers daar eens iets over opschrijven of vertellen. Maak een intern document waarin de dromen en ambities van iedere medewerker, of van alle medewerkers van jouw team, staan omschreven. Huur een journalist in die elke medewerker spreekt en de dromen en ambities op papier kan zetten. Kortom, inventariseer die dromen. Deel ze met elkaar. Wat gebeurt er dan? Ieder mens vindt het leuk om over zijn of haar dromen te vertellen. Dat geeft energie. Ook al heeft het niet direct met de werkomgeving te maken. Andere mensen vinden het over het algemeen leuk als ze dergelijke inspirerende verhalen horen. Er is jaarlijks een conferentie in Zeist die PINC heet. Staat voor People, Inspiration, Nature and Creativity. Een hele dag vertellen daar mensen hun inspirerende verhalen, die altijd over dromen en ambities gaan. Volgeladen met energie verlaten de bezoekers aan het einde van de dag het evenement. Moet je zeker eens heen gaan. Vergelijk dat maar eens met de talloze conferenties waar je na een half uur al denkt: "Wat doe ik hier in vredesnaam?"

Terug naar inspiratie, handreiking 13: 'Inventariseer alle dromen en ambities die binnen jouw organisatie leven en vertel daarover.' En natuurlijk zit daar nog een stap achter. Dat is dat je wilt gaan onderzoeken hoe al die dromen en ambities nog meer effect kunnen hebben op je eigen organisatie. Toegegeven, dat hebben ze al als je ze inventariseert en deelt. Want, energie geeft energie. Maar ga nu eens een stapje verder, dan krijg je handreiking 14: 'Verzamel alle dromen en ambities die met het werk te maken hebben en implementeer die.' Wat je dan doet is eerst de energie aanboren, de inspiratie die in de mensen zit naar boven halen.Vervolgens ga je de mensen toestemming geven om daar ook echt iets mee te doen binnen hun werkomgeving. Dan zul je wat beleven! Je richt dan de inspiratie die in de mensen zit op hun eigen organisatie. Je boort een enorme bron van energie aan die tot dan toe onaangeboord gebleven is.

Inspireer jezelf

Je hebt nu al twee dingen gedaan. Handreiking I1 en I2 hebben betrekking op jezelf. Energize yourself. Daar ligt de basis. In handreiking I3 en I4 doe je vervolgens hetzelfde met je hele organisatie. Verzamel de energiebronnen en boor ze aan. Zoals je ziet, hebben we het hier nog helemaal niet gehad over inspiratie van buiten. Alles komt nog van binnen. Is bovendien stukken goedkoper dan het inzetten van dure sprekers die van buitenaf moeten gaan inspireren. Je doet het gewoon zelf.

Ik zou altijd een programma ontwikkelen om handreiking I4 een permanent karakter te geven. Niet met een ideeënbus, want daar stoppen mensen een idee in dat vervolgens beoordeeld moet worden door anderen. Nee, laat mensen zelf beginnen. Ruim er tijd voor in, geef mensen de gelegenheid om hun dromen en ambities te presenteren en laat ze de vrijheid om die ambities die passen bij het bedrijf een stap verder te brengen. Bij Google noemen ze dat Pursue Your Dreams. Inspiratie, de energiebron die je nodig hebt om tot grote daden te komen. Als je dan per ongeluk die manager bent die niet kan inspireren, dan kun je daar dus zo'n programma voor gebruiken. Want daarbij inspireren mensen zichzelf.

I1	**Waar haal jij je inspiratie vandaan?**
I2	**Zet, zodra je weet waar je inspiratie vandaan komt, deze onmiddellijk in daden om.**
I3	**Inventariseer alle dromen en ambities die binnen jouw organisatie leven en vertel daarover.**
I4	**Verzamel alle dromen en ambities en implementeer die.**

EN BEDANKT

Hoe kom je zover dat je al de ideeën die je hebt over creativiteit, ondernemen, sprankelen en inspireren, op papier gaat zetten. Hoe kom je eigenlijk aan al die ideeën? Daarover nadenkend zou je iedereen die daarmee te maken heeft, moeten bedanken.

Toen ik van de middelbare school afkwam, stuurden mijn ouders me naar de Verenigde Staten. Voor een jaar. Om vanuit het beschermde milieu waarin ik was opgegroeid zelfstandiger te worden. Dat is wel aardig gelukt. Dat jaar alleen verblijven in dat enorm ondernemende land heeft alles bepaald dat ik daarna ben gaan doen. Mijn denken over ondernemen, risico's nemen en creëren is in belangrijke mate gevormd in de Verenigde Staten.

Zeer in tegenstrijd met alles dat ik beschrijf over genieten, heb ik mijn vrouw en kinderen schandalig verwaarloosd tijdens het schrijven van dit boek. Want, tja, naast het schrijven had ik ook nog wat bedrijven te runnen. Maar hoewel ik in die periode minder tijd aan het gezin kon besteden, heeft het schrijfproces in huize Zevenbergen wel een heel apart effect gehad op de kinderen. Na enige tijd begon eerst de oudste, daarna de middelste en tot slot ook de jongste enthousiast aan een boek. Inmiddels hebben er tientallen boeken en boekjes het licht gezien. Creativiteit bloeit op waar het door een voorbeeld wordt gestimuleerd...

Om in staat te zijn om overal goed over na te denken en mijn gedachten op een rijtje te krijgen, waren er velen die met me meedachten en sommigen die zelfs stukken meeschreven. Peter Weijland, een van de denkers van Escador, heeft een zeer instrumentele bijdrage geleverd door naast het meelezen en schrijven ook mee te denken over de vormgeving van dit boek. Dank daarvoor. Andere actieve bijdragen vanuit Escador waren er van Theo van den Brink en Alfred Schmits, mijn goede vriend.

Dirk Jasper, een van de meest optimistische ondernemers die ik ken en een goede vriend, was enthousiast vanaf de eerste minuut. Hij heeft met alle risico's van dien, onmiddellijk allerlei mensen aan het werk gezet waardoor dit boek ook qua uitstraling sprankelend en inspirerend is. Dank Dirk, voor je energie en bezieling waarmee je de productie van dit boek gestalte hebt gegeven. En Dirk zette vanaf het eerste moment zijn team in, waaronder Marcel, Katja, Frans, Peter, Hans en Maarten. Allemaal hartelijk dank.

Bram Donkers maakte van mijn teksten, die ik in ruwe vorm aan het papier toevertrouwde, leesbare en spannende zinnen. En een samenhangend verhaal. Wat een werk moet dat geweest zijn. Maar gelukkig raakte ook hij in een flow...

Op een gegeven moment ben je dan zover dat de productie gedraaid kan worden. Van een creatief proces wordt het gewoon een proces van Doen en Doorzetten. Doen en Doorzetten. Om dat uitvoeren te kunnen doen, waren er een aantal Nederlandse organisaties nodig die dat financieel mogelijk maakten. Zo gaat dat altijd, de markt is nodig om Dromen om te zetten in echte dingen. Organisaties die deze Droom van Creatief Ondernemen en Sprankelend Inspireren mogelijk hebben gemaakt, zijn Achmea Healthcenters, ABZ, ANWB Media, Content, De Baak, Delta Lloyd, Feenstra, Getronics PinkRoccade Nederland, KLM Nederland, KPN, Kroon Vastgoed, NS, RAI, Rijkswaterstaat, Robeco, Schouten Zekerheid, SNS Reaal, TPG, Van Lanschot Bankiers en Vedior. En dan waren het natuurlijk niet die organisaties, maar zoals altijd de mensen uit die organisaties die geloofden in dit initiatief. Mensen als Theo, Peter, Bas, Mirjam, Harry, Ad, Arend, Michel, Erik, Henjo, Evert, Philippe, Hans, Nico, Jan Willem, Albert, Hans, Jan, Carlos en Peter. Allemaal mensen die geloven in Dromen en ambities en het volgen van die Dromen.

Wat een plezier eigenlijk om alle hierboven genoemde mensen om me heen te hebben. Ik geniet ervan!

GERAADPLEEGDE LITERATUUR

1. Roger Bean en Russell Radford,
   The Business of Innovation
2. Johan Bontje, Jan Willem Kirpestijn en Willem Vreeswijk,
   Authentiek leiderschap,
   Utrecht 2005.
3. James P. Carse,
   Finite and infinite games, a vision of life as play and possibilities,
   Ballantina Books, USA 1987
4. Clayton M. Christensen,
   The innovator's dilemma,
   Harvard Business School Press, USA 1997.
5. Mihaly Csikszentmihalyi,
   Flow, psychologie van de optimale ervaring,
   John H. Boom, 1999.
6. Mihaly Csikszentmihalyi,
   Creativiteit, over flow, schepping en ontdekking,
   John H. Boom, 1998.
7. Mihaly Csikszentmihalyi,
   De weg naar flow,
   John H. Boom, 1999.
8. Stephen Covey,
   De 8ste eigenschap; van effectiviteit naar inspiratie,
   Business Contact, Amsterdam 2005.
9. Wayne W. Dyer,
   Inspiration,
   UK 2005.
10. Richard Florida,
    The rise of the creative class,
    The Perseus Books Group, USA 2004.
11. Arie de Geus,
    The Living Company,
    Nicholas Brealey Publishing, UK 1999.
12. Dee Hock,
    The Birth of the Chaordic Age,
    Berrett-Koehler Publisher's, USA 1999.
13. Carl Honoré,
    Slow,
    Lemniscaat, Rotterdam 2004
14. Pat Kane,
    The Play Ethic,
    Pan Macmillan, UK 2004.

15. David Isaacs en Juanita Brown,
The World Café,
UK 2005.
16. Rolf Jensen,
The Dream Society,
USA 2001.
17. Manfred Kets de Vries,
Het geluk; een handleiding,
Nieuwezijds bv, Amsterdam 2003.
18. Michio Kaku,
Visions,
Oxford University Press, UK 1999.
19. John Kao,
Jamming,
HarperCollins Publishers, UK 1997.
20. Stephen C. Lundin,
Fish tales,
Hodder & Stoughton General Division, UK 2003.
21. Ervin Laszlo,
Bezielde Kosmos,
Uitgeverij Ankh-Hermes, Deventer 2005.
22. Peter Merry,
Evolutionair Leiderschap,
Gottmer Uitgevers Groep bv, Haarlem 2006.
23. Peter Senge, Joseph Jaworski, C. Otto Scharmer, Betty Sue Flowers,
Presence, Exploring Profound Change in People,
Organizations and Society,
Nicholas Brealey Publishing, UK 2005.
24. Eckhart Tolle,
Een nieuwe aarde, de uitdaging van deze tijd,
Uitgeverij Ankh-Hermes, Deventer 2005.
25. Matt Weinstein,
Managing to have fun,
Simon & Schuster Books, USA 1997.
26. Jeffrey S. Young,
iCon, Steve Jobs, the greatest second act in the history of business,
USA 2005.
27. Leen Zevenbergen,
Create your future,
RCC Apeldoorn, 1996

COLO-
FON

Eindredactie:
Qlientz - Bram Donkers

Vormgeving en productie:
Jasper & Co - Marcel Boshuizen, Katja Kamphoff, Frans Mooren, Peter Schlumpf, Hans Felix, Dirk Jasper

Met bijdragen van:
Theo van den Brink, Alfred Schmits, Peter Weijland

Druk:
Giethoorn Media Groep

223

Fotografie:

Omslag Dirk Jasper, *pagina 6 t/m 11* StockXchange - Brandon Blinkenberg, Tijmen van Dobbenburgh, Sergio Ianni, *pagina 16 t/m 21* StockXchange - Ole Jørgen Bratland & Gisele Jaquenod, Code Ced, *pagina 22* Dirk Jasper, *pagina 24* StockXchange - Peter Hellebrand, *pagina 27 t/m 31* Dirk Jasper, *pagina 32 t/m 35* StockXchange - John Philip, Nelson Syozi, *pagina 37 t/m 41* StockXchange - Simon Cataudo, Sal B., Pawel Tomkiewicz, *pagina 42 t/m 49* StockXchange - Ana Schaeffer, *pagina 50 t/m 55* Maarten Uilenbroek *model:* Teddy Rukspin, *pagina 60 t/m 64* Bungee Jump New Zealand *model:* Jeroen Verkuyl, *pagina 66* Dirk Jasper *modellen:* Puck Zevenbergen & Sam Jasper, *pagina 67 t/m 69* StockXchange - Juliane Zielonka, *pagina 70 t/m 73* Dirk Jasper, *pagina 74 t/m 80* StockXchange - Peter Zelei, *pagina 82 t/m 87* StockXchange - Matthew Maaskant, *pagina 88 t/m 94* Marcel Boshuizen, *pagina 100* Pics United, *pagina 104, 107* StockXchange - Christophe Libert, *pagina 110, 113* Studio Daniel Libeskind, *pagina 116* StockXchange - Nick Lobeck, Hugo Humberto Plácido da Silva, *pagina 120, 123* StockXchange - Gabriella Fabbri, *pagina 124 t/m 128* Corel Professional Photos, *pagina 130* Dirk Jasper *modellen:* de heer en mevrouw Colijn, *pagina 134* Dirk Jasper, *pagina 138, 139* Marcel Boshuizen, *pagina 144, 146, 149* Dirk Jasper *Interieur Kantoor Van Veelen de Hoop*, *pagina 150,152,154* StockXchange - Sanja Gjenero, *pagina 156* StockXchange - Joanna Margueritte, *pagina 157 t/m 159* Corel Professional Photos, *pagina 161, 163* StockXchange - MarkMiller, Arjan Boer, *pagina 166* Corel Professional Photos, *pagina 170* StockXchange - Nico van Geldere, *pagina 176* StockXchange - Geoffroy Magnan, *pagina 180 t/m 185* i-Stock, *pagina 191* Ivan Teunissen, *pagina 198* Marcel Boshuizen, *pagina 204* Mark Kolbe, *pagina 211* Nick Free